DR. KATHRIN VERGIN

DAS *Emotional Eating* KOCHBUCH

70 Rezepte für ein neues Körpergefühl

INHALT

Glutenfrei

Vegetarisch

Low Carb

Laktosefrei

Vegan

Liebe Leserin, lieber Leser,

spontan könnte man sich fragen: Ein Kochbuch zum Thema Emotional Eating, macht das denn Sinn? Meine Antwort lautet: auf jeden Fall! Ein Kochbuch, das dabei hilft, ein oftmals fehlgeleitetes Essverhalten in den Griff zu bekommen, habe ich in meinen vielen Jahren als Ernährungstherapeutin, Hobbyköchin und Betroffene immer vermisst. Denn: Emotionales Essen kann auch gesund und genussvoll sein. Es geht vor allem darum, einen entspannten Umgang mit sich, seinem Körper und vor allem auch mit seinem Geist zu finden. Mit diesem Kochbuch möchte ich dir den Weg dorthin zeigen.

Seit vielen Jahren helfe ich Menschen, ihr Essverhalten besser zu verstehen und steuern zu lernen. Dabei versuche ich ihnen zu zeigen, dass eine weitere Diät und der nächste Abnehmversuch mit einer wieder neuen Ernährungsform nicht die Schlüssel zum Erfolg sind. Diäten lösen nicht das Problem, sie sind das Problem! Dazu kommen festgefahrene Routinen, Gewohnheiten, Glaubenssätze und nicht erfüllte innere Bedürfnisse, die in negative Emotionen münden. Diese Gefühle kompensieren wir dann mit einem Essverhalten, das abläuft, ohne dass wir echten Hunger verspüren. Dabei spielt es keine Rolle, ob diese Gefühle positiv oder negativ sind. In dem Moment, in dem wir von unseren Emotionen überrannt werden, dient Essen als Ventil und Blitzableiter. Daraus entstehen dann Muster, die zu Heißhunger, Essanfällen oder dem dauerhaften Wunsch nach Nahrung führen. In solchen Momenten essen wir im „Autopilot"-Modus und treffen sehr oft eine eher ungesunde Wahl bei dem, was wir zu uns nehmen.

Als Ernährungstherapeutin habe ich bisher noch keine Patientin sagen hören: „Wenn ich Heißhunger habe, mache ich mir entspannt eine schöne Gemüsepfanne." Genau das ist das Problem! In diesen Momenten muss Essen schnell verfügbar sein und uns im Nu glücklich machen. Niemand käme auf die Idee, sich in solch einer Situation in aller Ruhe in die Küche zu stellen, denn gedanklich ist für uns das Kochen dann eher ein Zeitfresser, der uns davon abhält, unseren inneren Druck auszugleichen. Aber es geht auch anders – und genau das möchte ich dir mit diesem Kochbuch zeigen. Nutze es, um wieder eine innere Balance in deinem Essverhalten zu finden. Es ist Zeit, dass du einen neuen Weg einschlägst und dich auf die Reise hin zu einem entspannten Umgang mit dir selbst und deinem Körper begibst.

Mein Kochbuch soll dir helfen, das Thema Emotional Eating besser zu verstehen, und vor allem zeigen, dass eine Emotional-Eating-Küche schnell, unkompliziert, gesund und lecker ist.
Mit diesem Kochbuch kannst du sogar Gewicht verlieren – ganz ohne Diät! Die Rezepte habe ich in den letzten Jahre nicht nur selbst ausprobiert, sondern auch gerade in eigenen Phasen des emotionalen Essens auf die Probe gestellt. Ich würde mich selbst nie als Superköchin bezeichnen. Mir ist es immer wichtig, dass alle Gerichte ohne großen Zeitaufwand, Dutzende Zutaten, teure Küchengeräte und viel Stress umsetzbar sind. Nutze diese Rezepte und beginne damit, alte Gewohnheiten in deiner Küche und in deinem Kopf gegen bessere Versionen auszutauschen, und erlebe, dass emotionales Essen entspannt, leicht und vor allem gesund sein kann.
Mein Motto ist: think less, eat better! Genau das wünsche ich dir.

EMOTIONALES ESSEN
HAT MICH DICK GEMACHT

Wenn man seit dem 16. Lebensjahr gefühlt auf Diät ist oder sich mit seinem Gewicht befasst, dann hat man in über 20 Jahren viele Erfahrungen mit Diäten, dem Abnehmen und Wiederzunehmen sammeln können. Im Laufe der Zeit wog ich schon weit über 100, aber auch nur knapp 60 Kilo. Das Gewicht ging aber trotzdem immer wieder rauf und ich musste wieder einen neuen Anlauf mit einer neuen Diät nehmen. Das Ganze hielt ich nicht lange durch. Manchmal wog ich dann mehr als vor der letzten Diät. Meine Gedanken kreisten ständig um Lebensmittel, die ich in „verboten" und „erlaubt" eingeteilt hatte. Ich verbot mir vieles, machte harte Sportprogramme und hungerte auch mal. Damit habe ich lange nicht nur meinen Körper, sondern auch meine Seele gequält.

So war ich gefangen in einem Teufelskreis aus emotionalen Essproblemen. Doch bis ich das erkannt hatte, vergingen ein paar Jahre. Ich habe nicht gemerkt, dass ich meine Auswahl an Lebensmitteln immer mehr einschränkte, bis ich mir nur noch Gemüse und Salate ohne Dressing erlaubte. Dabei trat ich nicht nur mein Bedürfnis nach Genuss mit Füßen, sondern stresste mich auch immer mehr. Durch Stress aß ich weiter – und das wurde zur Gewohnheit. Das Tückische an Gewohnheiten ist, dass unser Gehirn nicht zwischen guten und schlechten unterscheiden kann. Haben wir Dinge mehrfach wiederholt und in dem Moment als „positiv" bewertet, vereinfacht unser Gehirn den Prozess und lässt unser Verhalten in einer ähnlichen Situation gleich ablaufen. So wurde das emotionale Essen immer mehr ein Teil meiner Persönlichkeit. Obwohl mir rein rational klar war, dass es in eine falsche Richtung lief, konnte ich in diesem Moment gar nichts daran ändern. Ich handelte wie fremdgesteuert. Danach kam das schlechte Gewissen und ich redete mir ein, ich sei undiszipliniert und eine Diät-Versagerin. Also erlegte ich mir noch strengere Regeln auf, denn es musste ja an meiner mangelnden Disziplin liegen. Doch auch hier: Je mehr negative Gedanken ich hatte, desto mehr wurden sie ein Teil von mir – und letztlich zur Realität. Je mehr ich mir einredete, ich würde die Diät nicht schaffen, desto eher war dies auch so.

Heute kann ich sagen, dass mich unkontrolliertes (und damit auch negatives) emotionales Essen regelrecht dick gemacht hat. Und der Grund dafür war, dass ich das, was in mir vorging, immer wieder ignoriert habe. Heißhunger und Essanfälle waren – mit dem heutigen Abstand gesehen – eigentlich Signale meines Körpers und meiner Seele, die mir zeigen wollten, dass ich etwas zu lange unterdrückt hatte. Wenn man das, was einen ausmacht oder was man im Innersten will, zu lange unterdrückt, sucht es sich einen anderen Weg, um an die Oberfläche zu kommen. Und der Weg führt häufig übers Essen. Warum? Essen ist heute 24 Stunden am Tag und sieben Tage in der Woche immer und vor allem schnell verfügbar. Der Überfluss verleitet uns dazu zu essen, auch wenn wir keinen Hunger haben. Wir haben verlernt, Hunger von Appetit zu unterscheiden. Das kenne ich aus eigener Erfahrung nur zu gut.

Kennst du das folgende Gedankenspiel? Was wäre, wenn ich noch mal an einen bestimmten Punkt im Leben zurückspringen könnte und so noch mal die Chance hätte, eine andere Entscheidung zu treffen, jedoch mit dem Wissen, das ich heute nach vielen Jahren der Erfahrung habe? Ich denke, gerade was das Essen betrifft, würde ich heute andere und bessere Wege einschlagen und hätte mir so viel Frust, Tränen und

Schweiß ersparen können. Leider bleibt dies ein Gedankenspiel ... Deshalb habe ich es mir zur Aufgabe gemacht, mein Wissen und meine Erfahrungen an alle weiterzugeben, die auch im Kreislauf des unkontrollierten emotionalen Essens gefangen sind. Ich möchte dem Thema „Emotional Eating" eine breitere Plattform verschaffen. Wir alle essen aus Emotionen heraus, doch nicht für jede(n) ist dies positiv oder mehr oder minder unwichtig. Viele von uns haben Probleme mit dem Gewicht oder dem Essverhalten und würden gerne etwas daran ändern.

Sicherlich erfordert das Ganze Mut und auch einiges an Eigeninitiative. Man muss bereit sein, sich zu entwickeln, und darf dabei nicht immer nur perfektionistisch auf das Ergebnis schauen. Es geht zunächst darum, das Warum zu verstehen. Und erst dann darum, wieder etwas für sich selbst zu tun – ohne den Wunsch nach Anerkennung von außen. Wichtig ist, endlich wieder die Kontrolle über sein Leben zurückzugewinnen und bewusste und gute Entscheidungen beim Essen zu treffen.

Die psychologische Seite ist das eine, die Umsetzung im Alltag das andere. Und die fängt beim Kochen an. Kochen war für mich selbst damals ein Buch mit sieben Siegeln. Ich beherrschte ein paar Basics, aber bis zu dem, was du heute in diesem Kochbuch findest, war es ein langer Weg. Durch mein Studium und meine Fachausbildungen wusste ich immer viel über Ernährung und mir war klar, was eine „gesunde Ernährung" ausmacht. Doch was tun, wenn man im Grunde nur Salat, Pasta und Brote machen kann? Man lernt das Kochen eben! Und man lernt, daraus eine neue Gewohnheit zu machen. Eine Gewohnheit, die heute für mich nicht nur Gesundheit und innere Balance bedeutet, sondern auch eine gewisse Qualitätszeit darstellt.

Kochen ist zu einem festen Bestandteil meines Alltags geworden, es macht mir Spaß, zu experimentieren, neue Gerichte zu entwerfen und sie mit meinen Lesern, Patientinnen und meiner Community zu teilen. Ich bin oft nach Ernährungsplänen gefragt worden. Die machen aus meiner Sicht aber keinen Sinn, weil ich kein Fan von festen Regeln bin und es nicht DAS Programm gibt, das für alle gilt. Deshalb wollte ich den Betroffenen das Kochen an sich wieder nahebringen. Doch dies ging nur, wenn ich ihnen Rezepte an die Hand geben konnte, die genauso schnell zubereitet waren, wie der Lieferservice brauchen würde, um das Fast Food zu bringen. Es musste schnell gehen, unkompliziert sein, leicht verständlich sein und das Wichtigste: Es musste satt machen, ohne dabei aufs Gewicht zu schlagen.

Das Ergebnis hältst du nun in den Händen und ich bin überglücklich, dass du mir und diesem Kochbuch dein Vertrauen schenkst. Mit diesem Kochbuch schließt sich für mich ein Kreis. Mit meinem Emotional-Eating-Tagebuch, dem Ratgeber zu meiner Therapiemethode und diesem Kochbuch habe ich all mein Wissen und meine Methoden weitergeben können, um dich auf deinem Weg zu einem gesunden Lebensstil zu unterstützen. Ich danke dir für dein Vertrauen und wünsche dir, dass du beim Kochen meiner Rezepte genauso viel Freude hast wie ich und dass du so deinem Wunschgewicht ein großes Stück näherkommst. Es warten 70 praktische Rezepte auf dich, die dich in deinem Alltag unterstützen werden – gerade dann, wenn Heißhunger und Essanfälle wieder die Kontrolle übernehmen wollen. Du hast es in der Hand, du musst einfach nur anfangen!

WAS BEDEUTET EMOTIONAL EATING?

Das ist wohl eine der häufigsten Fragen, die ich gestellt bekomme. Und das nur deshalb, weil emotionales Essen als Begriff an sich oder gar als Essstörung oder Therapieform weder bekannt noch anerkannt ist. Wenn ich dir gleich genauer erkläre, was dahintersteckt, wirst du vermutlich merken, dass es dich auch betrifft. Fangen wir mit der eigentlichen Bedeutung an: Emotionales Essen findet immer dann statt, wenn wir aus Gefühlen heraus zu Essen greifen, obwohl wir rein physisch gar keinen Hunger haben.

EMOTIONEN STEUERN DAS VERHALTEN

Es gibt viele Situationen, in denen Essen ein Ersatz für nicht bediente emotionale Bedürfnisse sein kann: Essen aus Frust, Kummer, Langeweile, aber auch Essen zur Beruhigung oder Belohnung. Wir verknüpfen dabei ein bestimmtes Gefühl mit einer bestimmten Esshandlung. Das kann der Griff zur Schokolade sein, zum Burger mit Pommes, zum Glas Wein oder zu einem leckeren Stück Kuchen. Die Beziehung zwischen dem Essverhalten und dem psychischen Befinden ist damit sehr eng: Wir essen, um zu feiern, um uns zu belohnen, um zu entspannen oder um uns zu trösten.

Wichtig: Solche emotionalen Ausdrucksformen gehören zu einem normalen Essverhalten grundsätzlich dazu. Wir essen alle emotional, das ist nicht automatisch negativ besetzt. Problematisch wird es erst, wenn wir über keine Handlungsalternativen zum Essen verfügen. Sprich, wenn wir unsere Probleme und Emotionen nicht anders kompensieren können. Wenn wir unsere Gefühle sprichwörtlich in uns hineinfressen.

STRESSOREN SIND DIE AUSLÖSER

Wir kennen ganz unterschiedliche Emotionen, die ein bestimmtes Essverhalten auslösen können. In meiner Therapie nenne ich sie Stressoren oder auch „Auslöser-Knöpfe". Doch neben Emotionen können auch andere Auslöser in unserem Stresssystem auftauchen. Dazu gehören zum Beispiel unsere Erziehung und damit Prägung, unsere Gewohnheiten beziehungsweise unsere antrainierten Verhaltensweisen sowie unsere Traditionen oder beigebrachten Glaubenssätze. Wird ein Stressor durch eine Situation oder eine Person aktiviert und damit ein Auslöser-Knopf gedrückt, spulen wir unsere Verhaltensweisen des emotionalen Essens ganz automatisch ab. Ab Seite 10 gebe ich dir einen kurzen Überblick, damit du ein besseres Gefühl für Stressoren bekommst. Sie zu erkennen, ist entscheidend, wenn du dich aus alten Mustern lösen willst.

Aus meiner *Praxis*

PETRAS WEG
ZUM ERFOLGREICHEN ABNEHMEN

Petra lernte ich auf einem meiner Firmenvorträge kennen, die ich oft im Rahmen des betrieblichen Gesundheitsmanagements abhalte. Nach dem Vortrag kam sie auf mich zu und erzählte mir ihre persönliche Diätgeschichte. Petra sagte mir, sie habe sich vom Thema angesprochen gefühlt und könne sich genau mit den Fallbeispielen aus meinem Vortrag identifizieren. Ihr Ziel war es, für die Hochzeitsfeier einer Freundin wieder in einen bestimmten Hosenanzug zu passen. Dafür waren zwei Kleidergrößen weniger nötig.

In unserem Erstgespräch und der damit verbundenen Anamnese merkte ich schnell: Die Frau ist hoch motiviert. Doch leider musste ich Petra erst einmal bremsen. Der Grund dafür ist, dass Menschen wie Petra zu sehr aufs Kalorienzählen fixiert sind und sich darauf fokussieren, schnelle und perfekte Ergebnisse abzuliefern.

Beim Abnehmen ist aber eher der Weg das Ziel. Petra musste zunächst verstehen, wie wichtig es ist, Spaß am Prozess und an der gemeinsamen Arbeit zu haben. Petras erste Aufgabe befasste sich also nicht mit ihrem erhofften Ziel, sondern zunächst mit der Frage, das Warum hinter ihrem Ziel zu definieren. Sie antwortete viel zu schnell: „Damit ich wieder in diesen Anzug passe und auf der Hochzeit eine gute Figur abgeben kann." Und genau da lag ein Teil des Problems: Wir tun viele Dinge nur, weil wir die Anerkennung von außen brauchen. Andere sollten Petra für ihren Abnehmerfolg loben, sie bewundern und beglückwünschen. Daher stellte ich Petra die Aufgabe, zehn Gründe zu definieren, warum sie abnehmen möchte, die keinen Zusammenhang mit anderen Personen hatten. Sie sollte sich selbst in den Fokus rücken.

Im Anschluss schauten wir uns Petras Körperzusammensetzung an, machten eine Stoffwechselmessung und eine BIA, eine bioelektrische Impedanzanalyse, die Aufschluss über die Verteilung der Fett- und Muskelmasse gibt. Petra dokumentierte eine Woche lang ihr Essverhaltens in meinem Emotional-Eating-Tagebuch. Aus ihren Aufzeichnungen wurde klar: Sie hatte ein massives Zuckerproblem. Vor allem weil sie in Stresssituationen und um vermeintlich fit zu sein zu viele Softdrinks und gezuckerten Kaffee konsumierte. Fast 1 kg Zucker kamen so bei Petra pro Woche zusammen. Das sind etwas mehr als 140 g Zucker pro Tag, also etwa das 4,5-Fache dessen, was die Deutsche Gesellschaft für Ernährung mit rund 30 bis 35 g pro Tag empfiehlt.

Wir stellten Petra auf eine zuckerfreie Ernährung um, begannen mit 16:8-Intervallfasten und ließen sie vegetarisch kochen. Nach knapp vier Monaten hatte Petra 15 Kilo verloren und passte in ihren Hosenanzug. Sie lebt heute vegetarisch und hat den Zuckerkonsum im Griff. Das Bauchfett ist zurückgegangen und ihr Stoffwechsel hat sich auf eine bessere Fettverbrennung eingestellt.

DIE STRESSOREN:
PRÄGUNG, STRESS, PERFEKTIONISMUS

Stressoren sind große Mitspieler, wenn es um emotionales Essen geht. Zu ihnen gehören vor allem bestimmte Alltagsbelastungen und die Art und Weise, wie du mit ihnen umgehst. Je mehr sich deine Umwelt in für dich wichtigen Bereichen verändert, desto mehr Stressoren können auftreten. Ändert sich also der gegenwärtige Zustand, zum Beispiel durch einen zwischenmenschlichen Konflikt, folgt daraus ein erhöhtes Verlangen nach Nahrung, um den Status quo wiederherzustellen. Dann kommen nicht selten Schokolade, Kuchen oder Pommes ins Spiel, um den eigentlichen Hunger nach Harmonie zu stillen.

STRESS FÜHRT ZU KONTROLLVERLUST

Fangen wir beim Klassiker an, beim Stress. Ich bin ein Stressesser! Vielleicht würdest du das auch über dich sagen. Falls dies so ist, solltest du wissen, dass die Zusammenhänge zwischen Stress und unserem Essverhalten besonders komplex sind. Denn Stress hemmt die kognitive Kontrolle des Essverhaltens und setzt sie außer Kraft. Eine solche Reaktionsweise findet sich vor allem bei Menschen, die ich als „gezügelte Esser" bezeichnen würde. Also bei all jenen, die langfristig versuchen, ihre Nahrungsaufnahme bewusst einzuschränken, um abzunehmen oder wenigstens nicht zuzunehmen. Bei gezügelten Essern löst Stress einen Kontrollverlust aus: Weil sie sich ansonsten beim Essen einschränken, kompensieren sie Belastungssituationen, indem sie dann ungezügelt über die Stränge schlagen. Das ist der klassische Heißhunger oder Essanfall, der aus einer vorherigen „inneren Hungerphase" resultiert.

UNTER STRESS ESSEN WIR MEHR

Zu den physiologischen Reaktionen auf Stress gehört eine Drosselung aller Prozesse, die mit der Verdauung und der Nahrungsaufnahme in Zusammenhang stehen, und damit gleichzeitig auch eine häufig ausgeprägte Steigerung des Appetits. In der Folge reagieren wir fehlgeleitet: In Stresssituationen essen wir mehr.

Während der letzten Jahr konnte ich bei meiner Arbeit immer wieder beobachten, dass auch das Thema Disziplin beim Abnehmen nicht immer der Schlüssel zum Erfolg ist. Disziplin kostet uns oft sehr viel innere Kraft und Energie, die wir dann wieder neu auftanken müssen. Haben wir nicht genug Energie, um beispielsweise eine Stresssituation zu bewältigen, sendet unser Gehirn ein Notsignal aus, dass die Akkus leer sind. Die Folge: Wir beginnen zu essen.

Hinzu kommt, dass Menschen, die emotional essen, im Durchschnitt mehr als 200 Entscheidungen am Tag zum Thema Ernährung treffen müssen. Das erfordert insbesondere während einer Diät eine enorme Willensstärke – was die mentalen Reserven meist früher oder später erschöpft. Bist du während deiner Diät auch noch gestresst, greifst du irgendwann fast automatisch zum Schokoriegel statt zur Gemüsepfanne.

PRÄGUNG

Eine wesentliche Rolle spielt zudem unsere Prägung, vor allem die, die wir schon im Kindesalter erhalten. Unser Essverhalten wird nämlich zu großen Teilen in der Kindheit geprägt, weil wir das Essverhalten, die Anzahl der Mahlzeiten oder auch die Verbote bezüglich des Essens von unseren Eltern lernen beziehungsweise übernehmen.

In den ersten Jahren werden die Grundlagen für unsere heutigen Geschmacksvorlieben, das Ernährungsverhalten oder auch den späteren Konsum- und Lebensstil gelegt. Als Kind lernen wir, zu essen und zu mögen, was wir in unserem täglichen Leben immer wieder vorgesetzt bekommen. Als Kind können wir nicht selbst entscheiden, ob das, was wir essen, gesund oder ungesund ist. Und ob es dick macht oder nicht. Wir passen uns unseren Eltern an und übernehmen deren Essverhalten. Bei einer entsprechenden Veranlagung wird damit schon in jungen Jahren ein wesentlicher Grundstein für die spätere Entwicklung von Übergewicht gelegt.

WIE SICH ESSVERHALTEN ENTWICKELT

Weitere Veränderungen im Essverhalten etablieren sich, wenn wir zum Beispiel nach der Schule oder Ausbildung das Elternhaus verlassen. Dann werden wir nicht mehr beim Essen überwacht oder reglementiert, sondern können frei wählen. Das kann in manchen Fällen das Essverhalten verändern. Im weiteren Verlauf unseres Lebens kommen Veränderungen beispielsweise aufgrund von Krankheiten, Traumata oder dem Verlust geliebter Menschen hinzu. Auch sie haben Auswirkungen auf das Essverhalten, gerade dann, wenn uns Essen Trost spenden oder eine innere emotionale Lücke oder Leere füllen soll.

IN WELCHEN PHASEN EMOTIONALES ESSEN VOR ALLEM ENTSTEHT

KINDHEIT

Emotionales Essen kann in allen Lebensabschnitten auftreten.

Häufig erfolgt die Erstmanifestation in frühen Kinderjahren.

20–30 JAHRE

Häufig aber auch zwischen dem 20. und 30. Lebensjahr

40–55 JAHRE

und in einer Phase zwischen 40 und 55.

IMMER WIEDER

Es kommt immer wieder zu Schwankungen im Verlauf.

ZUKUNFT

Betroffene können geheilt bzw. behandelt werden.

PERFEKTIONISMUS

Auch Perfektionsmus kann unser Essverhalten maßgeblich beeinflussen. So ziemlich jeder von uns hat zumindest einen Bereich, in dem er richtig gut sein will. Das kann zum Beispiel der Job sein oder der Sport. Doch viel öfter legen wir besonders viel Wert auf das eigene Aussehen. Wir streben nach der Traumfigur, der makellosen Haut oder der perfekten Frisur und geben uns viel Mühe, unserem Idealbild zu entsprechen.

Im Alltag erleben wir dann aber leider einen inneren Konflikt zwischen dem persönlichen (schlanken) Schönheitsideal und der ständigen Verfügbarkeit von (meist) hochkalorischer Nahrung. Nicht nur im Beruf, sondern auch in der Freizeit werden wir immer wieder mit Stress und Auseinandersetzungen konfrontiert. In solchen Situationen entscheiden oft die Gefühle und damit die antrainierten Verhaltensweisen über unser Essverhalten.

DAS BEDÜRFNIS NACH KONTROLLE

Unser Wunsch nach Perfektion ist alles andere als überraschend, denn wir werden bereits sehr früh auf gute Leistung geprägt. Ungesunder Perfektionismus lässt uns daher zum Beispiel an einem schlechten Tag an unserem Selbstwertgefühl zweifeln. Wir haben Angst, dass wir von unserem Umfeld nicht akzeptiert werden, gerade wenn wir keine perfekte Leistung erbringen. Schnell sind wir in einer Spirale aus Sorgen vor Kritik, Bewertung und Scheitern gefangen. Unsere Erwartungen an uns selbst steigen immer weiter und wir überfordern uns irgendwann selbst. Perfektionismus an uns selbst anzulegen, führt fast zwangsläufig zu negativem emotionalem Essen. Wir sehen kaum noch das, was wir gut gemacht haben, sondern nur unsere Fehler. Statt uns durch Perfektionismus immer weiter zu optimieren, verlieren wir uns selbst. Und das zeigt sich auch im Essverhalten: Wir verlieren die Kontrolle. Der Kontrollverlust und der Verlust des Kontakts „zu sich selbst“ sind oft Auslöser für Essanfälle.

Aus meiner *Praxis*

FELIX
LERNT GESUNDES ESSEN

Vor der Geburt meines Babys hatte ich eine Praxis im Herzen von Hamburg. Als dort eines Tages Felix klingelte und sich „einfach mal informieren" wollte, lernte ich einen Mann kennen, der von gesunder Ernährung so viel Ahnung hatte wie ich von Raketenwissenschaften. Das soll nicht abfällig klingen, denn Felix ist ein echt toller Typ, der so viele Fortschritte gemacht hat wie kaum ein anderer meiner Patienten. Aber als wir mit der gemeinsamen Arbeit begannen, konnte er gefühlt gerade mal eine Gurke von einer Zucchini unterscheiden und war der Meinung, dass das Salatblatt auf dem Schnitzelbrötchen das Ganze doch recht gesund mache.

Mit Felix fingen wir bei den Grundlagen an: mit dem Einkaufen im Supermarkt. Mit einem großen Rezeptblock unter dem Arm machten wir uns gemeinsam auf die Suche nach Gemüse, Obst und Co. und schauten uns die Zutatenlisten von Fertigprodukten an. Zuerst war es Felix' Aufgabe, seine bisher typischen Lebensmittel in den Einkaufswagen zu legen. Diese nahmen wir dann genau unter die Lupe. „In diesen zwei Stunden im Supermarkt habe ich mehr über Lebensmittel und Inhaltsstoffe gelernt als in den 20 Jahren davor", sagt Felix heute. Das gemeinsame Einkaufen legte bei ihm einen Schalter um und er begann, zu Hause seinen Kühlschrank auszumisten und seine Schränke auf Ungesundes zu durchforsten.

Dann musste Felix mit den eingekauften Lebensmitteln kochen lernen. Und das ist auch mit ein Grund, warum dieses Kochbuch heute so aussieht, wie es ist. Denn nicht nur Felix hat etwas von mir gelernt, sondern ich auch von ihm: Er brachte mir bei, meine Rezepte so zu gestalten, dass auch Anfänger in der Küche damit Erfolg haben können.

Felix war der perfekte Typ für die gesunde Mittelmeerküche: viel Gemüse mit Fisch und ab und zu mit etwas Fleisch. Dazu hin und wieder eine kleine Sünde – und er war happy. Und ich auch, denn nach wenigen Monaten hatte Felix nicht nur abgenommen, sondern kochte auch begeistert für Freunde und gab seine Erfahrungen und Tipps an andere weiter.

Felix hat erkannt, dass gesunde Ernährung Spaß macht, und steht jetzt abends lieber am Herd, als vor dem Fernseher zu sitzen. Es bereitet ihm Freude, Neues auszuprobieren und auch für andere zu kochen. Übrigens hat Felix knapp 8 Kilo Gewicht verloren und angefangen, Sport zu treiben. Er sagt, dass die vitalstoffreiche Ernährung ihm so viel Energie gibt, dass der Sport nun richtig Spaß macht. Genau das kann gesunde Ernährung leisten!

DAS PRINZIP VON
HUNGER UND SÄTTIGUNG

Hunger und Sättigung sind die beiden elementaren Faktoren, wenn man lernen möchte, sein Essverhalten zu steuern. Bei der Behandlung von Emotional Eating besteht das Ziel darin, hauptsächlich dann zu essen, wenn man wirklich Hunger verspürt, und mit dem Essen aufzuhören, wenn man satt ist, ohne sich dabei zu überessen. Das klingt zunächst so simpel, dass man meinen könnte, es sei doch ganz einfach, sich an diese beiden Punkte zu halten. Doch Statistiken zu Übergewicht oder Essstörungen zeigen ein anderes Bild: Viele von uns essen zu oft, zu viel, zu ungesund und vor allem auch dann, wenn sie körperlich eigentlich satt sind.

In Bezug auf Hunger und Sättigung muss man zunächst Folgendes verstehen: Unser Körper ist prinzipiell in der Lage, das Essverhalten selbst zu regulieren. Das Zentrum für das Empfinden und das Steuern dieser Prozesse liegt im Gehirn, genauer gesagt im Hypothalamus. Verantwortlich dafür, dass diese Prozesse im Hypothalamus funktionieren, sind bestimmte den Appetit anregende und hemmende Botenstoffe. Dazu gehören die beiden Hormone Leptin und Ghrelin.

LEPTIN: DAS SÄTTIGUNGSHORMON

Leptin wird im Fettgewebe gebildet und spiegelt gewissermaßen den eigenen Energiestatus wider. Das bedeutet, je mehr Fettgewebe vorhanden ist, desto mehr Leptin wird gebildet. Setzen die Fettzellen Leptin frei, wird es über das Blut zum Gehirn transportiert. Ist viel Leptin im Blut, signalisiert das Gehirn deinem Körper, dass er erst einmal keine weitere Nahrung benötigt. Die Folge: Es werden vermehrt appetitzügelnde und weniger appetitanregende Hormone ausgeschüttet. Hormone dienen dem Gehirn also als eine Art Informationsquelle, über wie viele Energiereserven (Fettdepots) der Körper verfügt. So wird sichergestellt, dass du nur so viel Nahrung zu dir nimmst, wie du tatsächlich benötigst.

GHRELIN: DAS HUNGERHORMON

Der Gegenspieler von Leptin ist Ghrelin. Wenn dieses Hormon ausgeschüttet wird, verspüren wir Hunger. Dementsprechend ist also auch Ghrelin ein Stoffwechselhormon, das die Nahrungsaufnahme steuert, indem es den Appetit anregt, wenn du längere Zeit keine Nahrung zu dir genommen hast. Sobald du gegessen hast, sinkt der Ghrelin-Spiegel und du fühlst dich satt. Anders als Leptin wird Ghrelin nicht von den Fettzellen, sondern von der Magenschleimhaut und der Bauchspeicheldrüse (Pankreas) gebildet und freigesetzt. Untersucht man, warum emotionale Esser oftmals keine Diät durchhalten können, hat dies auch hormonelle Gründe. Denn bei häufigen Diäten führt das andauernde Hungern zu permanent hohen Ghrelin-Spiegeln. Die geringe Kalorienzufuhr verstärkt den ständigen Hunger und man bricht die Diät ab.

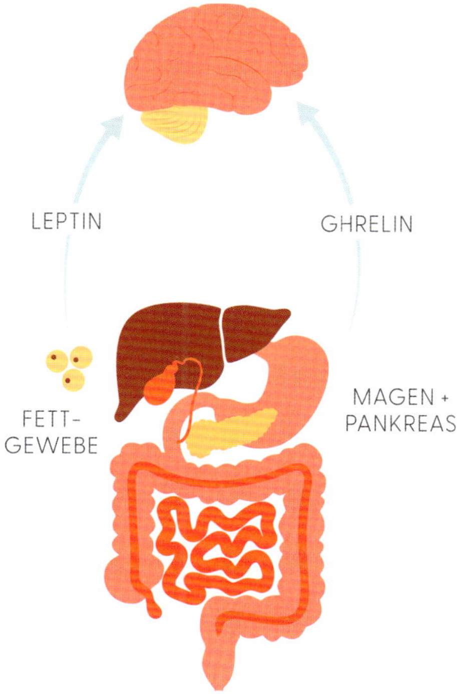

Die Hormone Leptin und Ghrelin wirken im Gehirn

ES BRAUCHT IMMER EIN GLEICHGEWICHT

Will man also Hunger und Sättigung spüren, ist ein Gleichgewicht von Leptin und Ghrelin nötig. Gesunde und normalgewichtige Menschen haben in der Regel eine funktionierende Hormonbalance. Doch wenn wir zu viel wiegen oder gar Übergewicht haben, sieht das Ganze leider etwas anders aus: Man könnte vermuten, dass übergewichtige Personen einen Leptin-Mangel haben, da Leptin ja proportional zum Körperfett vorliegt. Damit müssten Menschen mit zu viel Gewicht eigentlich immer satt sein. Das ist allerdings nicht der Fall. Studien zeigen, dass es bei diesen Menschen meist zu einer Leptin-Resistenz gekommen ist. Das bedeutet, dass die Sättigungszentren im Gehirn nicht mehr auf das Hormon ansprechen, weil sie bereits von Leptin überflutet wurden. Die Betroffenen haben dann ständig Hunger, obwohl ihre Fettspeicher schon längst gefüllt sind.

INSULIN BREMST DEN FETTABBAU

Um das Bild der Hormone zu vervollständigen, sollten wir noch über Insulin sprechen. Die Hauptaufgabe von Insulin besteht darin, Zucker (Glukose) aus dem Blut in die Zellen zu schleusen. Dort werden die Zuckermoleküle zur Energiegewinnung benötigt. Insulin entsteht in der Bauchspeicheldrüse. Auch Insulin hat einen Gegenspieler, nämlich das Glukagon. Während Insulin den Blutzucker senkt, fördert Glukagon die Bildung und Freisetzung der hauptsächlich in der Leber gespeicherten Zuckerreserven ins Blut und lässt so den Blutzuckerspiegel ansteigen. Insulin schleust Zucker vor allem in die Zellen von Muskeln, Leber, Nieren und Fettgewebe, nicht aber ins Gehirn.

Neben diesen Aufgaben kümmert sich das Insulin auch noch um unser Appetitempfinden und kann sogar unseren Fettstoffwechsel behindern oder außer Kraft setzen. Sprich: Kursiert zu viel Insulin im Blut, kannst du kein Fett mehr abbauen. Zudem führt eine zu starke Schwankung des Insulinspiegels zu Heißhunger. Wenn wir Lebensmittel essen, die beispielsweise viel Zucker enthalten, steigt der Blutzuckerspiegel schlagartig an. Daraufhin schüttet die Bauchspeicheldrüse große Mengen Insulin aus, der Blutzucker fällt dann aber genauso steil wieder ab und wir haben erneut Hunger. Oder schlimmer noch: Heißhunger.

Wenn wir den ganzen Tag über snacken, bleibt der Blutzuckerspiegel permanent hoch. Ständig muss die Bauchspeicheldrüse Insulin produzieren: Das führt zu einer Resistenz. Deshalb ist es so wichtig, dass du deinen Blutzuckerspiegel möglichst konstant hältst. Wie das mit einer ausgewogenen Ernährung funktionieren kann, zeige ich dir, wenn ich dir meinen Ernährungsansatz vorstelle (siehe Seite 22).

DER ZUSAMMENHANG ZWISCHEN ERNÄHRUNG UND PSYCHE

Wir kommen länger ohne Essen aus, als wir denken. Nur haben wir das Gefühl dafür verloren. Bei Menschen, die regelmäßig unter negativem emotionalem Essen oder Übergewicht leiden (beides muss nicht zwingend zusammen auftreten), ist der Unterschied zwischen Hunger und Appetit essenziell. Emotionale Esser entscheiden nicht danach, ob sie gerade wirklich etwas zu sich nehmen müssen, um sich mit Nährstoffen und Energie zu versorgen. Der Hunger rückt in den Hintergrund und wird vom Appetit abgelöst. Das führt dann oftmals dazu, dass viel zu häufig und viel zu ungesund gegessen wird.

Bei adipösen Menschen oder Menschen mit negativen emotionalen Essproblemen funktioniert zum einem – wie gezeigt – die Regulierung von Hunger und Sättigung nicht mehr. Zum anderen besteht auch oft das Problem, dass Hunger von Appetit nicht mehr unterschieden werden kann. Appetit ist grundlegend zunächst ein psychischer Zustand, bei dem wir das Verlangen verspüren, etwas Bestimmtes zu essen. Sprechen wir von emotionalem Essen, meinen wir fast immer Appetit. In Kombination mit den Stressoren und auch Emotionen bedeutet das: Wenn wir traurig, gestresst, gefrustet oder energielos sind, hilft es uns zu essen. Essen ruft positive Gefühle und Erinnerungen hervor und wir lernen, dass wir Essen zweckentfremden können, um es gegen unsere negativen Gefühle einzusetzen: ein verhängnisvoller Kreislauf.

GEFÜHLE WOLLEN GEHÖRT WERDEN

Negatives emotionales Essen heißt also, ohne Hunger zu essen oder auch mit dem Essen einfach nicht mehr aufhören zu können. Wir blockieren damit unsere wahren Gefühle und Emotionen, weil wir nicht wissen, wie wir mit diesen umgehen sollen. Betrachten wir diese Abläufe auf einer rein sachlichen Ebene, dann erkennen wir, dass wir nicht das Essen an sich lieben, sondern vielmehr den Effekt, den das Essen auf unsere Psyche hat. Wenn wir nicht gelernt haben, mit unseren Emotionen gut umzugehen und beispielsweise Stress richtig abzubauen, dann „missbrauchen“ wir oftmals das Essen dafür. Und das funktioniert sehr zuverlässig.

Warum? Ein Grund: Essen stellt das Denken ab und hilft unserem Kopf, eine Denkpause einzulegen. Während wir kauen, denken wir nicht mehr an die schlechten Emotionen oder Gefühle. Wir konzentrieren uns stattdessen auf das, was wir in den Mund gesteckt haben. Das Gehirn fokussiert sich dabei auf den Geschmack, die Temperatur oder die Konsistenz des Essens. So lernen wir unbewusst, dass Essen uns eine gewisse innere Ruhe verschafft. Das fördert den Suchtfaktor. Wir essen, um endlich mal unserem ständigen „Grübeln“ eine Pause geben zu können. Essen beruhigt. Essen gibt uns in diesen Momenten ein Gefühl von Ruhe, Stille, Harmonie und Sorgenfreiheit.

ESSEN MACHT GLÜCKLICH

Doch warum speichern wir emotionales Essen in unserem Unterbewusstsein so positiv ab, dass wir es immer wieder tun müssen? Die Antwort liegt im Botenstoff Dopamin. Die als Glückshormon bekannte Substanz ist ein wichtiger Botenstoff unseres Nervensystems. Sie spielt vor allem im

Belohnungssystem eine zentrale Rolle und wird zum Beispiel dann ausgeschüttet, wenn wir Ziele, die wir uns gesetzt haben, erreichen oder die unmittelbare Aussicht auf Belohnung uns zu einer Handlung motiviert. Auch unser Bedürfnis nach Essen wird unter anderem über Dopamin gesteuert. Forscher des Max-Planck-Instituts für Stoffwechselforschung in Köln konnten erstmals einen Zusammenhang zwischen dem subjektiven Verlangen und der Dopamin-Ausschüttung feststellen. Sie zeigten, dass das Gehirn bereits die ersten Dopamin-Moleküle ausschüttet, wenn wir die heiß ersehnte Nahrung im Mund schmecken. Sie muss noch nicht mal den Magen erreicht haben, um uns glücklich zu machen. Allein, dass wir etwas Essbares in den Mund stecken können, reicht aus.

VERSCHIEDENE ARTEN VON HUNGER

In meiner Praxis und auch in meinen Büchern versuche ich, den Betroffenen zu erläutern, dass wir verschiedene Hungerarten kennen. Wissenschaftler haben zwar insgesamt sieben Hungerarten definiert. Es ist aber vor allem wichtig zu wissen, dass es zwei „echte Hungerarten" gibt, die man vom Appetit unterscheiden lernen muss. Echter (Magen-)Hunger ist das bekannte Magenknurren oder das Gefühl, weniger Energie zu haben oder gar unterzuckert zu sein. Der zweite wichtige Hunger ist der sogenannte Zellhunger. Dieser Hunger kann sich wie Heißhunger anfühlen, aber nur deshalb, weil uns bestimmte Nährstoffe fehlen. Mit dem Zellhunger signalisiert der Körper, dass jetzt etwas hermuss, das wir wirklich brauchen. Wir gieren dann regelrecht nach Nährstoffen, Vitaminen, Mineralstoffen oder Flüssigkeit. Doch leider interpretieren wir diesen Hunger beim emotionalen Essen häufig falsch.

Die Tabelle auf der nächsten Seite kann dir helfen, deinen Heißhunger beim nächsten Mal besser zu deuten. Wenn dir bewusst ist, dass der Essanfall eine andere Ursache hat – nämlich einen Nährstoffmangel –, dann fällt es dir auch rational leichter, eine bessere Entscheidung beim Essen zu treffen.

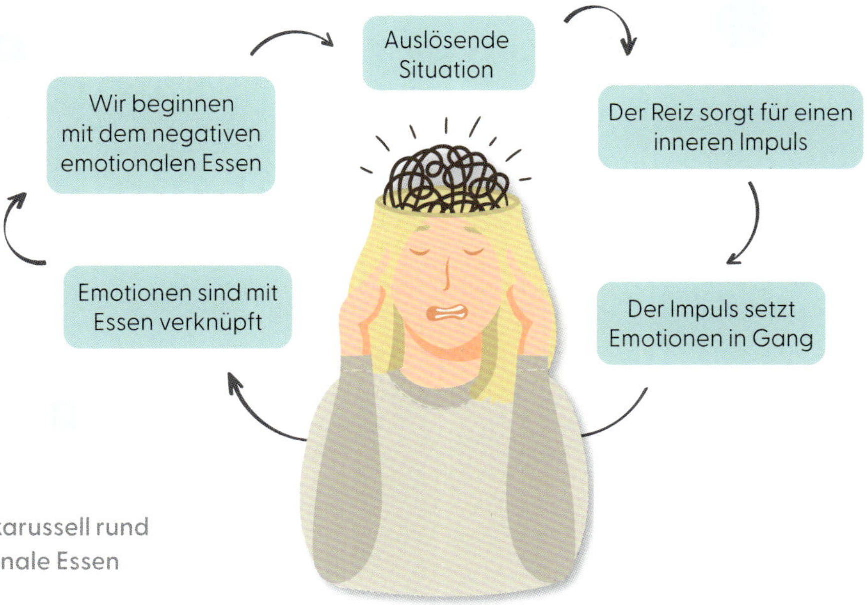

Gedankenkarussell rund ums emotionale Essen

NÄHRSTOFFMANGEL
ALS AUSLÖSER FÜR EMOTIONALES ESSEN

Damit du bei der nächsten Heißhungerattacke leichter erkennst, was dein Körper dir gerade sagen will, habe ich in den Tabellen einige Beispiele aufgelistet. Denn bei Heißhunger oder Gelüsten kann es sich auch um Zellhunger handeln. Viele der gesunden Lebensmittel, die du anstelle der Heißhunger-Lebensmittel essen solltest, findest du auch in meinen Rezepten ab Seite 34. Nutze die Tabellen einfach als Kompass, wenn du ein passendes Rezept suchst. Praktisch: Im Register sind die Rezepte nach ihren Hauptzutaten sortiert.

Du hast Heißhunger auf …	Was du wirklich brauchst, ist …	Diese (gesunden) Lebensmittel geben es dir:
Schokolade	· Magnesium	· Nüsse, Samen, Hülsenfrüchte
Zucker allgemein	· Chrom · Kohlenstoff · Phosphor · Schwefel · Tryptophan	· Brokkoli, Trauben, Käse, Hähnchen · Frisches Obst · Hähnchen, Rindfleisch, Fisch, Eier, Getreide, Hülsenfrüchte · Cranberrys, Meerrettich, Blumenkohl, Brokkoli, Kohl · Käse, Lamm, Leber, Rosinen, Süßkartoffeln, Spinat
Brot, Nudeln, Kohlenhydrate allgemein	· Nitrogen	· Proteinreiche Nahrung, Fleisch, Fisch, Nüsse, Bohnen
Fettreiches Essen	· Kalzium	· Grünes Blattgemüse, Brokkoli, Hülsenfrüchte, Milch oder Milchprodukte wie Joghurt und Käse
Salziges Essen	· Chlorid · Silizium	· Fisch, Ziegenmilch · Nüsse, Samen Vermeide Weißmehlprodukte/-nudeln oder weißen Reis
Kaffee	· Phosphor · Schwefel · Salz (Natriumchlorid) · Eisen	· Hähnchen, Rindfleisch, Fisch, Eier, Getreide, Hülsenfrüchte · Cranberrys, Meerrettich, Blumenkohl, Brokkoli, Kohl · Meersalz, Apfelessig auf dem Salat · Fleisch, Fisch, Geflügel, Seetang/Algen, grünes Gemüse, dunkle Kirschen

Du hast Heißhunger auf ...	Was du wirklich brauchst, ist ...	Diese (gesunden) Lebensmittel geben es dir:
Alkohol	· Protein · Zink · Kalzium · Glutamin · Kalium	· Fleisch, Geflügel, Meeresfrüchte, Nüsse, Milchprodukte · Granola, Haferflocken · Grünes Blattgemüse, Brokkoli, Hülsenfrüchte, Milch oder Milchprodukte wie Joghurt und Käse · Nahrungsergänzungsmittel mit Glutamin · Schwarze Oliven, Algen, Salate und grünes Gemüse mit Bitterstoffen (z. B. Rucola, Endivie, Artischocke)
Softdrinks	· Kalzium	· Senf, Kohlrabi, Brokkoli, Gemüse, Käse, Sesam

MANGEL AN TRYPTOHPAN ODER TYROSIN

Nicht selten höre ich von meinen Patienten, dass sie eigentlich immer essen könnten. Dann könnte möglicherweise ein Mangel an Tryptophan und Tyrosin die Ursache sein. L-Tryptophan ist eine essenzielle Aminosäure, die im zentralen Nervensystem zum Neurotransmitter Serotonin sowie zum Schlafhormon Melatonin umgewandelt wird. Serotonin hat einen positiven Einfluss auf den Schlaf und die Stimmung. Melatonin reguliert den Schlaf-Wach-Rhythmus. L-Tyrosin ist eine Aminosäure und der Ausgangsstoff für viele Hormone wie Adrenalin oder Schilddrüsenhormone. Auch als Vorstufe von Neurotransmittern ist Tyrosin wichtig.

Falls du also das Gefühl hast, immer essen zu müssen, solltest du den Spiegel dieser beiden Stoffe überprüfen lassen.

Du hast ...	Was du wirklich brauchst, ist ...	Diese (gesunden) Lebensmittel geben es dir:
... immer Appetit (Heißhunger).	· Silizium · Tryptophan · Tyrosin	· Nüsse, Samen, kein gratiniertes Getreide · Käse, Lamm, Leber, Rosinen, Süßkartoffeln oder Spinat · Brie, Camembert, Erbsen, Sojabohnen, Erdnüsse
... so gut wie nie Hunger (Appetitlosigkeit).	· Vitamin B1 · Vitamin B3 · Magnesium · Chlorid	· Nüsse, Samen, Bohnen, Leber · Thunfisch, Heilbutt, Fleisch, Hähnchen, Truthahn, Samen und Gemüse · Walnüsse, Mandeln, Pekannüsse, Ananas, Blaubeeren · Frische Ziegenmilch, unraffiniertes Meersalz

GESUNDE ERNÄHRUNG
IST EINFACHER, ALS DU DENKST

Es ist im Grunde einfach, sich gesund zu ernähren. Aber es ist nicht immer leicht, eine gesunde Ernährung im persönlichen Alltag umzusetzen. Eigentlich wissen wir alle, dass eine Pizza mehr Kalorien hat als ein Salat oder eine Gemüsepfanne. Aber der Wunsch, sein Essverhalten zu verändern, scheitert meist an der langfristigen Umsetzung. Einer der wichtigsten Gründe dafür ist, dass wir uns zu große Ziele setzen und in kurzer Zeit zu viel ändern wollen. Gewohnheiten sind starke Muster, aus denen man nicht von heute auf morgen ausbrechen kann. Deshalb muss man erst sich selbst auf die Spur kommen. Dabei hilft ein Ernährungstagebuch.

DECODIERUNG DER BEDÜRFNISSE

Im Zusammenspiel zwischen der eigenen Persönlichkeit, den subjektiven Bedürfnissen und dem eigenen emotionalen Essverhalten liegt der Schlüssel zu einer besseren Ernährung. Erst wenn wir verstehen, warum wir essen, wie wir essen und warum wir so sind, wie wir sind, verstehen wir auch unsere Gefühle hinter dem Essverhalten. Erst dann ernähren wir uns intuitiv und ohne Essanfälle. Gesund zu essen, bedeutet keine Diät, kein Verzicht und auch kein „Durchhalten“ beim nächsten Diätversuch. Es bedeutet zu verstehen, welche Bedürfnisse man hat, um diese dann mit einer ausgewogenen Ernährung und den daran angepassten Verhaltensweisen bewusst zu steuern.

REFLEKTION IST DER ERSTE SCHRITT

Am Beginn steht also die Betrachtung des eigenen Essverhaltens – dabei kann dir mein genau dafür konzipiertes Emotional-Eating-Tagebuch helfen. Hier trägst du nicht nur alles ein, was du im Laufe eine Tages zu dir nimmst, sondern du notierst auch deine Routinen, Gefühle und den Stresslevel. Ein Tagebuch hilft, den Tag zu reflektieren, sich bestimmte Dinge mit Abstand etwas bewusster zu machen, schöne Momente festzuhalten oder sich negative Erinnerungen von der Seele zu schreiben. Das beruhigt das Gedankenkarussell, reduziert den Stress und trägt dazu bei, sich leichter zu fühlen. Ein Tagebuch kann dich darin unterstützen, dich wieder auf das Wesentliche und damit auf das Warum zu konzentrieren. Es hilft dir, dein Essverhalten zu ordnen, Prioritäten zu setzen und den Fokus nicht aus den Augen zu verlieren. Ein Tagebuch verurteilt dich nicht. Es ermöglichst dir, deine Stärken und Schwächen im Essverhalten genauer zu betrachten und wieder bei dir selbst anzukommen.

Wer seine Gedanken aufschreibt, grübelt zudem meist weniger. Das hilft, den inneren Stress abzubauen und seine Energie eher auf die positiven Dinge zu lenken. Wer schreibt, macht den Kopf frei und kann sich entspannen. Außerdem kannst du mit einem Tagebuch auch super deine Mahlzeiten mit den Rezepten aus diesem Kochbuch planen, wenn du zum Beispiel gerne mehr Kontrolle beim Essen haben möchtest. Dies kann dir in den ersten Tagen helfen, an einer neuen Struktur festzuhalten.

Aus meiner *Praxis*

GEWOHNHEITEN LOSWERDEN MIT JOHANNA

Johanna lernte ich bei einer Buchpräsentation kennen. Sie erzählte mir, dass ihre Gewohnheiten beim Essen ein Problem seien. Dazu muss man wissen, dass Gewohnheiten beim negativen emotionalen Essen eine der größten Hürden darstellen. Je länger man eine Gewohnheit in seinem Leben etabliert hat, desto schwerer ist es, diese wieder loszuwerden. Unser Gehirn kann nicht unterscheiden, ob die Gewohnheiten für uns gut oder schlecht sind. Es versucht, uns das Leben mit diesem Mechanismus zu erleichtern. Das heißt: Haben wir eine Situation durch ein Verhalten als „gut" abgespeichert, wird unser Gehirn versuchen, das gleiche Verhalten in einer ähnlichen Situation gleich ablaufen zu lassen. Dies soll uns helfen, effizienter zu werden. Doch leider lief dies nicht positiv für Johanna.

Johannas Aufgabe bestand daher zuerst darin, ihre Gewohnheiten nach meiner Methode aufzuschreiben. Im zweiten Schritt bewerteten wir diese nach dem Ampelprinzip. Dann wählte Johanna eine Gewohnheit aus dem „roten Bereich" aus, die sie zuerst loswerden wollte. „Roter Bereich" bedeutet, dass diese Gewohnheiten einen großen Einfluss auf den Alltag haben. Fällt eine davon weg, macht es das eigene Leben vermutlich einfacher beziehungsweise verbessert es deutlich. Johannas Wahl fiel auf ihre Sucht nach Süßigkeiten. Sie konnte nämlich an keiner Süßigkeitenkiste, an keinem Keksteller und an keiner Bonbontüte vorbeigehen, ohne hineinzugreifen. Zuerst fanden wir heraus, dass Johanna als Kind häufig mit dem Verbot von Süßigkeiten bestraft wurde. Bis heute hat sie das Gefühl, dass sie immer zugreifen muss, weil sie sonst Angst hat, lange Zeit nichts Süßes mehr zu bekommen. Nur wird sie heute nicht mehr bestraft und kann essen, was und wann sie will. Doch diese Gewohnheit und die Angst vor dem „Nichtsbekommen" war so tief in ihr verankert, dass sie immer zulangen musste, ohne nachzudenken.

Dann versuchten wir, die Gewohnheit in einen neuen Kontext zu setzen und übten den Umgang damit. Wir begannen bei ihrem Yoga-Kurs. Dort stand immer ein Teller mit Keksen. Wenn Johanna nach der Stunde nach Hause ging, steckte sie sich mehrere Kekse in den Mund und in die Jackentasche. Das sogenannte Reframing der Gewohnheit half ihr, sich auf die Tatsache zu konzentrieren, dass die Gewohnheit im Grunde nur einen Teufelskreis des negativen emotionalen Essens nach sich zog. Diese Erkenntnis machte es ihr einfacher, die Gewohnheit abzustellen.

Schließlich arbeiteten wir an einer Ersatzhandlung für die Gewohnheit. Nach ein paar Wochen rief Johanna an und berichtete, sie hätte heute keine Kekse genommen, weil sie eingesehen habe, dass diese ihr keinen Mehrwert bieten würden. Ein Aha-Moment! Heute entscheidet Johanna sich bewusst für oder gegen Süßigkeiten – sie konnte ihre Gewohnheit ablegen und kontrollieren lernen. Wenn sie Süßigkeiten isst, dann nur, weil sie es wirklich will und diese dann auch genießen kann. Der Erfolg: Johanna verlor mit dieser Methode knappe 8 Kilo.

DAS IST MEIN ERNÄHRUNGSANSATZ

Häufig werde ich gefragt: „Wie ernährst du dich denn eigentlich?", „Lebst du vegan?" oder „Muss ich mein Leben lang auf Kohlenhydrate verzichten?", „Gibt es eine Diät, die du besonders empfehlen kannst?" oder „Wie sieht eine gesunde Ernährung denn nun aus?" Als Antwort möchte ich hier kurz meinen Ernährungsansatz vorstellen. Eins schon mal vorab: Es ist mein Ziel, erst mal nichts zu verbieten, denn das fördert in den meisten Fällen nur die Lust, das zu essen, was man aktuell nicht haben kann oder sich gerade verboten hat. Ich bin immer eine Freundin der „richtigen" Menge.

Wie du vielleicht schon bei dir selbst festgestellt hast oder vermutlich auch ahnst, gibt es die eine „richtige" und „perfekte" Ernährung, die für alle gilt, natürlich nicht. Die optimale Ernährung ist von Person zu Person unterschiedlich. Daher lass mich eins vorwegnehmen: Es kommt bei der individuellen Ernährung immer darauf an, welche Zielsetzung du verfolgst beziehungsweise welche Motivation dich dabei antreibt. Geht es dir darum, länger zu leben, wünschst du dir mehr Gesundheit und möchtest Krankheiten vermeiden? Oder steht bei dir eher Schlanksein und Abnehmen oder die sportliche Performance im Vordergrund? Bei den meisten meiner Klienten stehen die Gesundheit und das Abnehmen im Vordergrund, weshalb ich meinen Ernährungsansatz auch darauf ausgelegt habe.

DAS WARUM IST ENTSCHEIDEND

Fast noch wichtiger ist aber – und da sind wir wieder beim Thema Emotional Eating –, welcher psychologische Typ man ist, also was einen im Innersten antreibt? Das heißt beispielsweise, dass jemand, der eine ausgeprägte Genussorientierung besitzt, dem Thema Ernährung immer einen höheren Stellenwert in seinem Leben einräumen wird als jemand, der Essen als reine Nahrungsaufnahme betrachtet. Eine kontaktfreudige Person, die ein großes Bedürfnis nach Bestätigung von außen hat, wird wiederum Essen in Gesellschaft und als soziales Event stärker wertschätzen, als jemand, der eher introvertiert ist. Die psychologische Typisierung ändert die Bedürfnisse an die individuelle „optimale" Ernährung fundamental, daher sollte der jeweilige psychologische Typ immer mit berücksichtigt werden. Das Überstülpen einer allgemeingültigen „richtigen" Ernährung hat ansonsten meist ungewollte Rückwirkungen auf die Psyche, die das Erreichen der eigenen Zielsetzung oft deutlich erschweren. Daher ist es wichtig, auch beim Thema gesunde Ernährung beide Seiten zu betrachten.

Wir sollten diese Annahme als gemeinsame Basis nehmen, wenn wir jetzt über gesunde Ernährung sprechen. Denn obwohl es keinen perfekten Ernährungsplan für alle Menschen gibt, kann ich doch einige wesentliche Erkenntnisse und Regeln definieren, an die sich jede und jeder im Rahmen einer gesunden Ernährung halten kann. Innerhalb dieser Regeln solltest du dann selbst versuchen, deinen ganz persönlichen Ansatz zu finden. Wenn du dich dann an das Verfolgen dieses individuellen Ansatzes hältst, ist sichergestellt, dass sich spürbare Erfolge bei dir einstellen werden. In diesem Kapitel geht es also um die Grundlagen für deine persönliche Ernährungsumstellung.

GIBT ES DIE RICHTIGE ERNÄHRUNG?

Beginnen wir mit der Betrachtung der unterschiedlichen Trends: Wenn du dich schon mal mit Ernährung beschäftigt hast, kennst du wie ich vermutlich diverse Diäten, Ernährungsformen oder -programme: vegetarisch, vegan, Low Carb, Atkins, Formula-Diäten, Weight Watchers, Mittelmeerdiät, Low Fat, LCHF, Keto, Paleo, 16:8- oder 5:2-Intervallfasten und vieles mehr. Nach eingehender Literaturrecherche und einigen Selbstversuchen kann ich persönlich vor allem eins festhalten: Alle diese Ernährungsformen haben Vor- und Nachteile. Entsprechend kann man sich das Leben leider nicht leicht machen und sich einfach einer dieser Formen anschließen. Ein Optimum wird man nur erreichen, wenn man eine gute Mischform findet, die möglichst viele Vor- und nur wenige Nachteile bietet.

Aus meiner Sicht sollte es zudem immer der Anspruch sein, dass man eine Ernährungsform oder -empfehlung ohne Probleme oder Mangelerscheinungen über Jahrzehnte durchhalten kann. Das macht die Auswahl der zur Verfügung stehenden Alternativen schon deutlich überschaubarer. Und es bedeutet für dich: Du kannst dich auf die großen Ernährungsformen konzentrieren, also die normale westliche Mischkost, Mittelmeerdiät, vegetarisch, vegan und Paleo, ergänzt durch verschiedene Möglichkeiten des Makronährstoff-Verhältnisses (wie Low Carb, LCHF, Low Fat).

Vergleicht man die vielfältigen Ernährungformen, kristallisieren sich Themen heraus, bei denen es ein übergreifendes gemeinsames Einverständnis gibt: Alle Ernährungsformen beanspruchen für sich, eine bessere Versorgung mit Vitaminen, Mineralstoffen und Spurenelementen zu gewährleisten, mehr Antioxidantien zu liefern, eine bessere Säure-Basen-Balance im Stoffwechsel zu erzeugen und mehr Ballaststoffe für die Darmgesundheit zu bieten. Schauen wir uns die einzelnen Punkte mal genauer an:

EINE GUTE VERSORGUNG MIT MIKRONÄHRSTOFFEN

Vitamine kann der Körper nicht selbst herstellen. Sie sind für uns aber essenziell wichtig und damit lebensnotwendig. Damit unser Stoffwechsel gesund und leistungsfähig bleibt, ist eine Versorgung mit Vitaminen, aber auch mit Mineralstoffen und Spurenelementen entscheidend. Die Aufgaben der Vitamine sind vielfältig, unter anderem sind sie verantwortlich für die Regulierung und Verwertung von Kohlenhydraten, Proteinen (Eiweiß) und Mineralstoffen. Zudem sorgen sie für deren Ab- beziehungsweise Umbau und fördern somit auch die Energiegewinnung. Vitamine unterstützen das Immunsystem und sind unter anderem für den Aufbau von Zellen, Blutkörperchen, Knochen und Zähnen notwendig.

Ihre Wirkung ist jedoch verschieden: Wie leistungsfähig wir sind, kann beispielsweise stark von unserer Versorgung mit B-Vitaminen abhängen, während unser Immunsystem wesentlich durch Vitamin C unterstützt wird. Eine gute Vitaminversorgung sowie Nährstoffdichte pro Kalorienmenge erhält man primär durch unverarbeitete pflanzliche Produkte (wie Gemüse, Salat, Früchte). Sowohl Getreide, vor allem verarbeitet, als auch Fleisch sind dafür eher bedingt geeignet. In Getreide in der „Vollwertform" (wie etwa frisch geschrotet und über Nacht gequollen, als Frischkornbrei) sind Vitamine und Spurenelemente durchaus enthalten – was die Mengen angeht, stehen diese aber vielen Gemüsesorten weit nach. Zusätzlich mindert die oft geringe Aufnahmemöglichkeit der Vitamine aus Vollkorngetreide im Darm den positiven Effekt. Kritisch für Vegetarier können im Extremfall die Nährstoffe Kalzium, Eisen, Zink, Jod und Vitamin B 12 werden. Menschen mit erhöhtem Nährstoffbedarf sollten ihren Vitamin D- und Vitamin-B 12-Status regelmäßig durch eine Blutuntersuchung überpüfen lassen.

ZUSAMMENFASSEND HEISST DAS:

Anders als die Makronährstoffe Fett, Kohlenhydrate und Eiweiß liefern **Mikronährstoffe** keine Energie. Obwohl der Körper diese Stoffe nur in geringen Mengen benötigt, sind sie essenziell – Mängel können sich negativ auf die Gesundheit auswirken.

Zu den **Mikronährstoffen** zählen Vitamine (wie Vitamin A, B 1, B 6, B 12, Vitamin C, D, E und K), Mineralstoffe und Spurenelemente (wie Kalzium, Magnesium, Natrium, Kalium, Selen, Zink und Eisen), bestimmte Aminosäuren, Coenzyme und Cofaktoren sowie auch die mehrfach ungesättigten Fettsäuren.

AUSREICHEND ANTIOXIDANTIEN

Antioxidantien sind eine Art chemische Verbindung, die verhindern, dass im Kontakt mit Sauerstoff eine Oxidation anderer Substanzen stattfindet oder diese verlangsamt wird. Am wohl bekanntesten ist, dass Antioxidantien uns gegen die sogenannten freien Radikale schützen. Diese verursachen oxidativen Stress, woraus vorzeitige Hautalterung, Energiedefizite im Stoffwechsel oder Tumore entstehen. Unser Körper kann selbst Antioxidantien durch Enzyme, Hormone und Stoffwechselprodukte herstellen; sie sind also nicht essenziell. Dennoch sollten wir sie auch immer als Unterstützung mit der Nahrung aufnehmen. Antioxidantien finden sich in pflanzlichen Lebensmitteln. Vor allem die Vitamine C und E sowie die Carotinoide wirken antioxidativ. Gegen antioxidativen Stress solltest du auch für ausreichend Schlaf und Regeneration sorgen.

ZUSAMMENFASSEND HEISST DAS:

Antioxidantien zählen zu den sekundären Pflanzenstoffen. Einen hohen Gehalt findet man vor allem in **grünem Blattgemüse,** in **bestimmten Gewürzen** sowie in hochwertigen **Pflanzenölen**.

Top-Unterstützer im Kampf gegen oxidativen Stress ist auch das **Spurenelement Zink**. Es steckt vor allem in Produkten tierischen Ursprungs wie Rind- und Schweinefleisch, Fisch, Krustentieren, Eiern, Milch und Käse. Aber auch in pflanzlichen Nahrungsmitteln wie Nüssen, Getreide und Hülsenfrüchten. **Weitere Nährstoffe** wie Selen, Mangan und Kupfer oder Vitamin B12 helfen deinem Körper, oxidativ im Gleichgewicht zu bleiben.

DIE SÄURE-BASEN-BALANCE

Über die Nahrung nehmen wir sowohl basen- als auch säurebildende Nährstoffe auf. Damit unser Stoffwechsel reibungslos funktioniert, ist es wichtig, dass das Verhältnis von Säuren und Basen in unserem Körper so oft wie möglich ausgeglichen ist. Der Körper verfügt in der Haut, aber auch in der Lunge, den Nieren und im Blutsystem über schützende Puffer, die überschüssige Säuren binden und bei Bedarf wieder freisetzen und ausscheiden können. Durch falsche Ernährung und eine ungesunde Lebensweise gerät dieses System aus der Balance. Es fallen zu viele giftige Stoffe an. Die Folge: Wir übersäuern.

Um einer Übersäuerung des Körpers und auch des Bindegewebes vorzubeugen, empfiehlt sich eine basenüberschüssige Ernährung. Die gelingt, wenn viel frisches unbehandeltes und regionales Obst und Gemüse auf dem Speiseplan stehen. Dazu kann eine Aufnahme von hochwertigen Mineralstoffen, basischen Säften und Bitterstoffen helfen, den Basenanteil im Körper zu erhöhen und gleichzeitig die Säureausleitung zu forcieren. Nicht zu vergessen: Wer viel trinkt (täglich 2 Liter stilles Mineralwasser), gibt dem Körper die Möglichkeit, belastende Stoffe und Säuren spielend leicht auszuschwemmen.

Neben der Ernährung können basische Ganzkörper- oder Fußbäder hilfreich sein; sie ermöglichen eine zusätzliche Säureausleitung über die Haut. Für einen basischen Lebensstil ist es außerdem wichtig, Stress zu vermeiden – und sich ausreichend zu bewegen! Je fitter man ist, desto besser kann der Körper überschüssige Säuren ausscheiden.

BASISCH ODER SAUER? EIN PAAR TIPPS

Basenbildende Lebensmittel: die meisten Salate, Gemüse, Kräuter, Obstsorten (z. B. Beeren, Aprikosen, Ananas, Honigmelone), stilles Mineralwasser, Kräutertee

Gesund sauer: glutenfreie/-arme Getreidesorten (z. B. Bio-Mais, Naturreis, Hirse, Buchweizen, Amarant, Quinoa), ökologisch erzeugte tierische Produkte, Hülsenfrüchte (v. a. Bohnen, Linsen, Kichererbsen), Nüsse

Ungesund säurebildend: stark verarbeitete und zuckerhaltige Lebensmittel, glutenhaltige Getreideerzeugnisse, Milchprodukte, tierische Lebensmittel aus konventioneller Landwirtschaft, Alkohol, kohlensäurehaltige Getränke

REICHLICH BALLASTSTOFFE

Zu guter Letzt empfehlen alle gängigen Ernährungskonzepte ausreichend Ballaststoffe, also pflanzliche Faser- und Quellstoffe. Sie sind weitgehend unverdaulich und liefern praktisch keine Kalorien. Die faserreichen Strukturen bewirken im Mund, dass die Nahrung intensiver und länger gekaut wird. Ballaststoffe erhöhen damit das Volumen einer Mahlzeit, sorgen für eine längere Verweildauer im Magen und fördern das Sättigungsgefühl. Im Darm binden die Ballaststoffe Cholesterin und sorgen für eine gesunde Darmflora. Die Deutsche Gesellschaft für Ernährung (DGE) empfiehlt Erwachsenen 30 g Ballaststoffe täglich. Gut zu wissen: Bei einem Ballaststoffanteil von über 5 g pro 100 g gilt ein Nahrungsmittel als ballaststoffreich.

TOP-QUELLEN FÜR BALLASTSTOFFE

Getreide: Dinkel, Gerste, Hafer, Mais, Roggen, Weizen und das Vollkornmehl daraus, Müsli mit hohem Getreideanteil und besonders auch Haferkleie, Vollkornmehl, Vollkornbrot, Vollkornpasta, Getreideschrot und -flocken

Hülsenfrüchte: getrocknete Erbsen, Bohnen, Linsen, Kichererbsen, Sojabohnen

Gemüse: Kartoffeln mit Schale, Fenchel, Kohl (z. B. Blumenkohl, Brokkoli, Grünkohl, Rosenkohl, Rotkohl, Weißkohl, Wirsing)

Obst: Trockenfrüchte (z. B. Datteln, Feigen, Pflaumen und Rosinen), frisches Obst (v. a. Äpfel, Birnen, Zitrusfrüchte, Beeren, Kiwis)

Nüsse und Saaten: Leinsamen, Kokosraspel, Mohn, Mandeln, Macadamianüsse

DAS FAZIT

Gesunde Ernährung funktioniert also dann, wenn du dich auf vollwertige, unverarbeitete (beziehungsweise nicht stark verarbeitete) und pflanzliche Produkte auf deinem Speiseplan einlassen kannst. Mit diesen drei Eckpfeilern als Wegweiser ist es dann auch leichter, eine bessere Auswahl zu treffen. Wichtig ist, dass du dir trotzdem nichts verbietest – es darf auch gerne mal eine kleine Sünde sein. Allerdings solltest du dich nach einem kleinen Ausflug ins „Cheat-Meal-Land“ wieder auf den „gesunden“ Pfad zurückbegeben.

MEINE TOP-TIPPS FÜR EINE GESUNDE ERNÄHRUNG

Iss primär unverarbeitet und **pflanzenbasiert.** Eat the rainbow! Bevorzuge stärkearmes Gemüse und übertreibe es nicht mit stärkehaltigem Gemüse wie etwa Kartoffeln, Pastinaken und Möhren.

Fett macht nicht fett, wenn es das richtige ist. Verwende hochwertige **Fette** (insbesondere mit Omega-3-Fettsäuren) wie Olivenöl, Lein- oder Hanföl. Setze auch auf Nüsse und Samen.

Baue **Obst** in deine Ernährung ein, sei aber zurückhaltend bei zuckerhaltigen Früchten. Gesund sind zuckerarme Obstsorten wie Beeren und Kirschen.

Probier dich durch die Vielfalt der **Kräuter und Gewürze** und verwende dafür weniger Salz. Taste the world!

Bevorzuge bei **Getreideprodukten** Quinoa, Amarant oder Vollkorn. Vorsicht bei Weizenmehl und Weißbrot: Sie liefern nur leere Kohlenhydrate, aber keine Nährstoffe und machen nicht satt.

Vermeide **Zucker** und gib Acht auf versteckte Zuckerfallen! Zucker ist ein echter Dickmacher. Besonders fatal ist die **Kombination von leeren Kohlenhydraten und schlechtem Fett.** Deshalb: weniger Kohlenhydrate, aber ruhig mehr gesunde Fette. Orientiere dich an der Kaloriendichte der Lebensmittel. Viel Volumen und wenig Kalorien, wie sie etwa Gemüse und Salate liefern – das passt perfekt!

Verwende öfter **Hülsenfrüchte** wie Kichererbsen und Co. als grüne Eiweißlieferanten (wenn du sie verträgst)!

Betrachte **Fleisch und Fisch** als gelegentlichen Luxus. Behandle sie mengentechnisch als Beilage, nicht als Hauptbestandteil eines Gerichts. Folge dem „Nose-to-Tail"-Prinzip und verarbeite alle Teilstücke eines geschlachteten Tiers. Verzichte auf stark verarbeitete Fleisch- und Wurstwaren.

Trinke **Kaffee** in Maßen, bevorzuge ungesüßten Tee und Wasser, vermeide Softdrinks, Fruchtsäfte und Alkohol.

Wie du diese Tipps umsetzen kannst? Ganz einfach! Indem du dieses Kochbuch mit meinen **Rezepten** in deinen Alltag integrierst!

SO GELINGT GESUNDES
EMOTIONALES ESSEN

1. KLARHEIT FÜR DICH SELBST SCHAFFEN

Mach dir eine Zeitlang Notizen zu deinem Essverhalten – vielleicht kannst du dann schon selbst das eine oder andere Muster erkennen.

2. NEUE WEGE FINDEN

Versuche dann in einem weiteren Schritt, auf andere Weise als mit Essen Glückseffekte zu erzielen. Belohne dich beispielsweise mit einer Massage statt mit einer Tafel Schokolade.

3. HEISSHUNGER STOPPEN

Bitterstoffe helfen gegen Heißhunger auf Süßigkeiten. Schokolade mit mindestens 70 % Kakaoanteil kann schon die bessere Wahl sein. Bitterstoffe gibt es in der Apotheke auch in Tropfenform. Die Alternative: Einfach satt essen – am besten mit viel Volumen, aber wenig Kalorien!

4. VERBOTE ABSCHAFFEN

Verbote sind kontraproduktiv und lassen sich auf Dauer ohnehin nicht durchhalten. Die Menge ist beim Essen entscheidend! Es ist daher sinnvoller, Portionen mit dem Partner oder einer Freundin zu teilen oder einen kleineren Teller zu nehmen, als sich etwas gänzlich zu verbieten.

5. SÜSSGETRÄNKE MEIDEN

Um Zuckerfallen aus dem Weg zu gehen, solltest du vor allem Softdrinks meiden. Betrachte alle gesüßten Getränke als kleine Mahlzeit. Denn 500 ml Cola entsprechen kaloreinmäßig fast 600 g Brokkoli. Auch Fruchtsäfte haben es in sich (Stichwort Fruktose)! Besser: Schorlen mischen und gut verdünnen – oder gleich auf Mineralwasser und ungesüßte (Kräuter-)Tees umsteigen.

6. ACHTSAMM ESSEN IN DER GRUPPE

Auch in Situationen, in denen die Gruppendynamik das Essverhalten beeinflusst, kannst du gut tricksen. Achte auf dein Sättigungsgefühl! Leg einfach das Besteck hin und wieder zur Seite und mach eine Pause.

7. MIT EINEM COACH ARBEITEN

Werde ein Teil einer Community und nimm an Abnehmkursen in der Gruppe teil. Dann kannst du dich mit anderen aus der Community austauschen und deinem Coach alle Fragen stellen.

8. ENTSPANNUNG SUCHEN

Je entspannter wir sind, desto besser ernähren wir uns. Entspannung hilft, Heißhunger zu vermeiden. Wieso nicht mal Yoga oder Meditation ausprobieren? Vielleicht unterstützt dich auch eine motivierende Affirmation wie „Wenn ich es mir vorstellen kann, dann kann ich es auch tun."

9. EIWEISS ESSEN

Proteine machen satt und unterbinden den Heißhunger. Sie gelten zu Recht als Schlankmacher, weil der Körper bei ihrer Verdauung sogar noch extra Energie verbraucht. Eiweiß steckt in Hüttenkäse und Quark, Fleisch und Fisch, aber auch in vielen Gemüsesorten und Hülsenfrüchten.

10. KOCHEN IST QUALITÄTSZEIT

Kochen bringt nicht nur Spaß, sondern auch Abwechslung. Gemeinsam mit Freunden oder dem Partner zu kochen wird damit zu echter Qualitätszeit. Besser als vor dem Fernseher zu hocken und Chips zu essen.

11. MIT SPORT STRESS ABBAUEN

Bewegung ist das beste Mittel gegen Essen aus Langeweile oder Stress. Denn sie baut das Stresshormon Cortisol ab und fördert Glücksgefühle. Wenn du dich mit Gleichgesinnten zum Sport verabredest, fällt das Durchhalten leichter.

12. SCHRITT FÜR SCHRITT ZUM ERFOLG

Überfordere dich nicht, indem du alles auf einmal ändern willst! Kleine Schritte bringen den Erfolg. Daher mein Tipp: Ziele für die Ernährung setzen und dann aber erst nach und nach umsetzen, beispielsweise als Erstes ein gesundes Frühstück im Alltag etablieren.

13. ESSEN CLEVER VORBEREITEN

Viele der Gerichte aus diesem Kochbuch kannst du ganz einfach auf Vorrat zubereiten (Meal Prep). Sie stehen dir dann bei Heißhungerattacken als schnelle Helfer zur Verfügung und du musst nicht über den Inhalt deines Kühlschranks herfallen. Koche also öfter mal die doppelte Portion und stelle die Hälfte für den Notfall bereit.

WIE DU DIESES KOCHBUCH
SINNVOLL NUTZT

Nun hast du viel über die Hintergründe des negativen emotionalen Essverhaltens gelernt, kennst die wichtigsten Stressoren und meine Gedanken zur gesunden Ernährung. Bevor es mit den Rezepten losgeht und du endlich mit dem Kochen beginnen kannst, möchte ich dir noch ein paar Tipps und Hinweise mit auf den Weg geben. Dieses Kochbuch habe ich entwickelt, weil es aus meiner Sicht helfen kann, bei einem Essanfall oder bei Heißhunger zu wissen: Da gibt es ein paar leckere Gerichte, die sich schnell zubereiten lassen und die man ganz ohne schlechtes Gewissen essen kann.

Du solltest dir „erlauben", mit Genuss zu essen und auch so lange zu essen, bis du wirklich satt bist. Das Schlimmste sind doch immer diese Erfahrungen: Du bestellst in einem Restaurant ein Gericht und bekommst eine kleine Portion serviert. Schon bevor du anfängst zu essen, denkst du: „Davon werde ich nie satt". Das Tückische ist, wenn du vom Kopf her nie das Gefühl hast, satt zu sein, oder das Gefühl hast, nie genug zu essen, weil du Angst hast zuzunehmen. Denn genau dann schlägt das negative emotionale Essen irgendwann zu. Du willst immer das, was du aktuell nicht haben kannst. Daher iss dich an den Gerichten aus diesem Buch richtig satt und genieße sie in vollen Zügen! Achte genau auf dein Sättigungsgefühl, überiss dich nicht!

GIB DEM ESSEN MEHR RAUM

Nimm dir Zeit zum Essen, erledige nichts nebenher. Das heißt: kein Handy, keine Zeitung und auch kein TV. Gib deinem Essen den Raum, den es verdient. Nimm wahr, dass du gegessen hast, und kaue ausreichend. Die Faustregel: jeden Bissen 20-mal! Essen einfach „einzuatmen", befriedigt nicht dein Bedürfnis nach Genuss! Versuche, bei maximal drei Hauptmahlzeiten und einem Snack pro Tag zu bleiben, und iss nichts (oder nicht zu viel) zwischendurch. Alle Gerichte halten dich lange satt und zufrieden. Du brauchst nicht mehr! Spüre, wann der „richtige" Hunger kommt und wann es wirklich Zeit ist zu essen. Dann kochst du dir etwas oder machst dir einen meiner Quickies (siehe Seite 118), wenn es mal superschnell gehen muss. Für die Zubereitung der Gerichte brauchst du maximal 35 bis 45 Minuten, im Schnitt eher 20 Minuten. Und ganz ehrlich: Ich hab schon länger auf meine Sushi-Bestellung gewartet. Also lass dich nicht abschrecken, es geht ganz einfach und ohne viel Aufwand. Es ist wichtig, das Kochen als neue Gewohnheit ins Leben zu integrieren. Denn Kochen ist Zeit, die du in dich, deine Gesundheit und vielleicht auch in ein längeres Leben investierst.

TIPPS UND INFORMATIONEN

Die Gerichte sind teilweise vegetarisch oder vegan. Bei Gerichten mit tierischen Produkten kannst du diese fast immer einfach durch eine pflanzliche Alternative ersetzen – dazu gebe ich dir in den Tipps hin und wieder Hinweise mit auf den Weg. Außerdem ist bei allen Gerichten angegeben, ob sie Laktose oder Gluten enthalten. Beachte dazu bitte die entsprechenden Symbole. Besonders ans Herz legen möchte ich dir den „Emotional-Eating-Bonus“ bei jedem Rezept: Hier findest du immer wieder gute Gründe, warum du dich gegen Fast Food und ungesundes Essen entscheiden und eher ein Gericht aus diesem Kochbuch wählen solltest. Ein zusätzlicher Motivationskick, der dir hilft, bessere Entscheidungen beim Essen zu treffen.

Auch wenn ich kein Fan von Kalorienzählen bin, findest du bei allen Gerichten Nährwertangaben. Das macht es dir (gerade auch als Diabetiker) möglich, deine Mahlzeiten korrekt zu berechnen. Die Kalorien geben dir zudem eine grobe Richtung vor, damit du deinen täglichen Grundumsatz und deine Bilanz besser einschätzen kannst.

BEGINNE JETZT!
Nutze dieses Kochbuch als Starthilfe für ein Leben ohne negatives emotionales Essen. Es ist wie dein persönlicher Ernährungsplan, nur dass allein du entscheidest, worauf du wann Lust hast. Höre auf dein Bauchgefühl und entscheide täglich, welches Gericht dich gerade anlacht. Du hast die Kontrolle über dein Essverhalten und triffst die Entscheidungen. Die Rezepte helfen dir dabei, glücklicher zu essen, ohne über Konsequenzen beispielsweise auf der Waage nachdenken zu müssen.

Ich wünsche dir viel Spaß auf deiner kulinarischen Reise und freue mich auch über dein Feedback zu meinen Rezepten. Denk immer daran:

THINK LESS. EAT BETTER!

Meine REZEPTE

Herzlich willkommen in meiner Küche! Auf den folgenden Seiten erwarten dich 70 Rezepte, die dir helfen sollen, deine Ernährung wieder in die richtige Balance zu bringen. Meine Gerichte sollen dir den Alltag erleichtern. Damit meine ich nicht nur das Kochen selbst, denn alle Rezepte sind einfach und schnell zubereitet. Es geht auch darum, dir die Hemmung zu nehmen, endlich selbst am Herd loszulegen. Heute haben wir alle viel zu viel zu tun und sind vor allem abends nicht mehr gewillt, noch stundenlang einzukaufen und in der Küche zu stehen. Das muss auch nicht sein – denn gerade beim emotionalen Essen sollte es schnell gehen.

Iss dich an den Gerichten satt, genieße sie in vollen Zügen und vergiss das schlechte Gewissen. Diese Rezepte sind positives Emotional Eating. Viel Spaß beim Kochen und Entdecken!

Frühstücks-IDEEN

Das Frühstück ist die wichtigste Mahlzeit des Tages. Wer zu Hause morgens gesund isst, muss auf dem Weg ins Büro oder zur Uni kein Schokocroissant kaufen. Damit du gesund in den Tag starten kannst, kommen hier meine liebsten Rezeptideen. Egal ob bei selbst gemachtem Granola, Baked Oats oder einem Smoothie: Lass es ruhig angehen!

Kefir-Smoothie MIT HIMBEEREN

ZUTATEN für 2 Personen

200 g Himbeeren
(frisch oder tiefgekühlt)
400 ml Kefir
4 EL zarte Haferflocken
2 TL Chiasamen
2 EL gemahlene Mandeln
2 EL flüssiger Honig
½ TL Zimtpulver

ZEITAUFWAND
Plane für die Zubereitung ca. 10 Minuten ein.

NÄHRWERTE
Pro Portion ca. 385 kcal, 14 g EW, 16 g F, 38 g KH

SCHWIERIGKEITSGRAD
Leicht

SO GEHT'S

- Zuerst solltest du die Himbeeren verlesen, waschen und trocken tupfen (tiefgekühlte Beeren rechtzeitig auftauen lassen).
- Dann gibst du die Beeren in den Mixer und gießt den Kefir dazu. Haferflocken, Chiasamen, Mandeln und Honig hinzufügen und alles gut mixen (alternativ in einem hohen Rührbecher mit dem Stabmixer arbeiten).
- Zum Servieren den Smoothie auf hohe Gläser oder Becher verteilen und mit Zimt bestäuben.

TIPP
Wenn du noch etwas Kefir übrig hast, kannst du diesen auch super für ein Salatdressing verwenden: entweder pur oder mit etwas Honig, Olivenöl, Salz und Pfeffer verrührt.

DEIN *Emotional Eating* **BONUS**

Die Chiasamen veredeln den Frühstücks-Smoothie gleich mehrfach: Neben einer guten Portion Kalzium liefern sie wertvolle Omega-3-Fettsäuren und Eiweiß. Die kleinen Samen enthalten zwar Kohlenhydrate, doch diese sind größtenteils wasserlösliche Ballaststoffe. Im Kontakt mit Flüssigkeit quellen sie stark auf, füllen schnell unseren Magen und halten uns länger satt.

JOGHURTBOMBE MIT BEEREN

FRÜHSTÜCKSQUARK MIT BEEREN UND MÜSLI

Joghurtbombe MIT BEEREN

ZUTATEN für 6 Personen

500 g Joghurt (3,5 % Fett)
100 g Zucker
½ TL gemahlene Vanille
400 g Sahne
500 g gemischte Beeren
(frisch oder tiefgekühlt)

ZEITAUFWAND
Plane für die Zubereitung ca. 20 Minuten und zum Kühlen ca. 1 Tag ein.

NÄHRWERTE
Pro Portion ca. 380 kcal, 6 g EW, 25 g F, 32 g KH

SCHWIERIGKEITSGRAD
Leicht

SO GEHT'S

- Am Vorabend mischst du Joghurt, Zucker und Vanille in einer Schüssel. Die Sahne steif schlagen und mit einem Teigschaber vorsichtig unter die Joghurtmasse heben.
- Als Nächstes legst du ein Sieb (ca. 24 cm Durchmesser) über eine Schüssel und kleidest es mit einem sauberen Küchentuch aus. Die Joghurtmasse gibst du in das Sieb und lässt alles im Kühlschrank über Nacht abtropfen.
- Am nächsten Tag die Beeren verlesen, waschen und trocken tupfen. Einige Beeren legst du zum Garnieren beiseite, den Rest pürierst du in einem hohen Rührbecher mit dem Stabmixer (tiefgekühlte Beeren rechtzeitig auftauen!).
- Zum Servieren die Joghurtmasse vorsichtig auf einen Teller stürzen. Die Joghurtbombe mit etwas Beerenpüree übergießen und mit den beiseitegelegten Beeren garnieren. Im Ganzen servieren.

TIPP
Was die Zubereitungszeit betrifft, weicht dieses Rezept von meiner Quick-and-easy-Philosophie ab, denn die Joghurtmasse musst du schon am Vortag ansetzen. Aber der Aufwand lohnt sich! Die Joghurtbombe ist eine tolle Alternative zum klassischen Frühstück: Sie hat kaum Kohlenhydrate und ist herrlich erfrischend.

Beeren sind echte Superstars in der Küche: Sie verwöhnen unsere Sinne, weil sie so tolle Farben haben – von Knallrot über Tiefviolett bis Dunkelblau. Und sie schonen den Blutzuckerspiegel, weil sie im Vergleich zu anderen Obstsorten kaum Fruchtzucker enthalten und uns trotzdem mit einer Vielfalt an Vitaminen, Mineral- und sekundären Pflanzenstoffen versorgen.

DEIN *Emotional Eating* BONUS

Frühstücksquark
MIT BEEREN UND MÜSLI

ZUTATEN für 2 Personen

125 g Erdbeeren
125 g Blaubeeren
125 g Himbeeren
1–2 TL Zitronensaft
300 g Quark (20 % Fett)
1 EL Agavendicksaft
½ TL Zimtpulver
75 g Haferflocken
75 g Nusskernmischung

ZEITAUFWAND
Plane für die Zubereitung ca. 20 Minuten ein.

NÄHRWERTE
Pro Portion ca. 645 kcal, 32 g EW, 31 g F, 50 g KH

SCHWIERIGKEITSGRAD
Leicht

SO GEHT'S

- Zuerst solltest du alle Beeren verlesen, waschen und trocken tupfen. Die Erdbeeren zusätzlich putzen und vierteln.
- In einer Schüssel kannst du die Beeren mit Zitronensaft, Quark, Agavendicksaft und Zimt mischen. Zum Servieren die Quarkspeise auf Schalen verteilen und mit Haferflocken und Nusskernmischung bestreuen.

TIPP
Du kannst für dieses Rezept im Grunde jedes Obst verwenden. Achte aber immer auf den Fruchtzuckergehalt. Meide also am besten Mangos, Birnen, Ananas oder Pflaumen. Als Veganer kannst du den Quark durch eine Skyr-Alternative auf Pflanzenbasis ersetzen.

DEIN *Emotional Eating* **BONUS**

Wer Sport macht, profitiert von Quark besonders: Sein Eiweiß besteht nämlich zu gut 80 Prozent aus Milcheiweiß (Casein) und zu knapp 20 Prozent aus Molkenprotein (Whey). Whey-Protein kann der Körper extrem schnell verarbeiten und dem Stoffwechsel wieder zur Verfügung stellen. Das ist für Sportler wichtig, die Muskelaufbau und Leistungsfähigkeit verbessern wollen.

Mandelbrei
MIT GRANOLA UND KIWI

ZUTATEN für 2 Personen

100 g Couscous
4 Datteln (ohne Stein)
2 TL Ahornsirup
200 g ungesüßter Mandeldrink
30 g gemischte Nusskerne
2 Kiwis
1 Handvoll veganes Granola
(z. B. Homdemade Nuss-Granola
von Seite 44)

ZEITAUFWAND
Plane für die Zubereitung
ca. 15 Minuten ein.

NÄHRWERTE
Pro Portion ca. 510 kcal,
12 g EW, 17 g F, 70 g KH

SCHWIERIGKEITSGRAD
Leicht

SO GEHT'S

- Als Erstes gibst du den Couscous in eine Schüssel. Dann schneidest du die Datteln in kleine Stücke und kochst sie mit dem Ahornsirup in einem Topf im Mandeldrink auf. Die kochende Dattelmilch gibst du schließlich über den Couscous, verrührst alles gut und lässt es 5 bis 10 Minuten quellen.

- Inzwischen kannst du die Nüsse ein wenig hacken. Anschließend schälst du die Kiwis und schneidest sie in Scheiben.

- Zum Servieren den Mandelbrei mit einer Gabel etwas auflockern und auf Schalen verteilen. Mit den Kiwischeiben belegen und mit Nüssen und Granola garnieren.

TIPP
Zur Abwechslung kannst du noch 1 EL Apfelmus unter den Couscous rühren – das passt geschmacklich hervorragend dazu. Übrigens: Der Mandelbrei ist perfekt als To-go-Frühstück: Füll ihn einfach in ein verschließbares Behältnis und nimm ihn mit ins Büro, in die Schule oder die Uni!

DEIN Emotional Eating BONUS

Kiwis schützen vor Stress. Warum? Sie liefen reichlich Vitamin C und das beugt Stress vor. Stress und emotionales Essen hängen oft zusammen. Bei nur 15 Minuten Stress und Ärger verbrauchen wir schon 300 Milligramm Vitamin C – das ergab eine Studie der Berkeley-Universität in Kalifornien. Vier Kiwis decken den Tagesbedarf eines Erwachsenen an Vitamin C.

Locker flockig IN DEN TAG

Ob der Start in den Tag gelingt, kann sich oft schon beim Frühstück entscheiden. Mein Tipp: Vor Heißhunterattacken schützt du dich am besten, wenn du reichlich Ballaststoffe und Eiweiß aus Milchprodukten oder Pflanzenalternativen frühstückst.

HOMEMADE NUSS-GRANOLA

Für ca. 450 g: Heize den Backofen auf 160 °C (Umluft) vor und belege ein Backblech mit Backpapier. Mische je 80 g Cashewkerne, Mandeln, Kokosraspel, Hasel- und Paranusskerne (insgesamt 400 g) und zerkleinere sie grob im Mixer. Zerlasse 50 g natives Kokosöl in einem kleinen Topf und verrühre es in einer Schüssel mit 30 g Agavendicksaft und 1 TL gemahlener Vanille. Gib den Kerne-Mix dazu und mische alles. Verteile die Mischung auf dem Blech und röste sie im Ofen auf der mittleren Schiene 20 bis 25 Minuten, dabei ab und zu wenden. (Achtung, die Nüsse werden schnell braun!) Das Granola aus dem Ofen nehmen und zusamendrücken, sodass eine flache Oberfläche entsteht. Dann nochmals etwa 20 Minuten abkühlen lassen.

ZEITAUFWAND
Plane für die Zubereitung ca. 15 Minuten und zum Backen ca. 25 Minuten ein.

NÄHRWERTE
Pro Portion (à ca. 45 g) ca. 310 kcal, 7 g EW, 28 g F, 6 g KH

SCHWIERIGKEITSGRAD
Leicht

DEIN *Emotional Eating* BONUS

Wie wichtig ist es eigentlich zu frühstücken? Während wir nachts selig schlummern, arbeitet unser Körper auf Hochtouren: Zellen erneuern sich und das Gehirn knüpft neue Verbindungen. All das verbraucht Energie und unsere Akkus sind morgens leer. Zum Start in den neuen Tag braucht der Körper daher idealerweise einen Mix aus Kohlenhydraten, Eiweiß und Ballaststoffen.

SATTMACHER-BIRCHER-MÜSLI

Für 2 Personen: Du verrührst 100 g zarte Haferflocken mit ¼ l Milch (1,5 % Fett) und lässt sie im Kühlschrank 1 bis 2 Stunden quellen. Inzwischen kannst du 2 EL Haselnusskerne (oder Granola) sowie 1 bis 1½ EL Rosinen fein hacken. Wasche 1 rotbackigen süßlichen Apfel (z. B. Cox Orange), viertle und entkerne ihn. Die Apfelviertel raspelst du auf der Gemüsereibe und verrührst sie sofort mit 1 TL Zitronensaft und 1 TL flüssigem Honig. Nach der Quellzeit Nüsse, Rosinen und Apfelraspel unter das Müsli heben. Zum Servieren einige Himbeeren verlesen, waschen und trocken tupfen. Das Müsli auf Schalen verteilen, mit den Beeren garnieren und mit Zimt bestäuben.

ZEITAUFWAND
Plane für die Zubereitung ca. 20 Minuten und zum Quellen ca. 2 Stunden ein.

NÄHRWERTE
Pro Portion ca. 400 kcal, 13 g EW, 12 g F, 56 g KH

SCHWIERIGKEITSGRAD
Leicht

HAFER-MOHN-BREI MIT NÜSSEN

Für 2 Personen: Zuerst gibst du 8 EL zarte Haferflocken und ½ l Milch (1,5 % Fett) in einen Topf und kochst alles unter Rühren einmal auf. Danach nimmst du den Flockenbrei vom Herd und lässt ihn mit geschlossenem Deckel noch 3 bis 4 Minuten quellen. 1 Banane schälen und in Scheiben schneiden. Den Brei auf Schalen verteilen und mit den Bananenscheiben sowie je 2 EL Mohn und gerösteten Haselnusskernen garnieren.

ZEITAUFWAND
Plane für die Zubereitung ca. 20 Minuten ein.

NÄHRWERTE
Pro Portion ca. 440 kcal, 18 g EW, 18 g F, 47 g KH

SCHWIERIGKEITSGRAD
Leicht

Baked Oats
MIT BEEREN UND BANANE

ZUTATEN für 4 Personen

Öl für die Form
je 40 g Hasel-, Walnuss- und Cashewkerne
200 g zarte Haferflocken
½ TL Salz
1 TL Backpulver
1 TL Zimtpulver
½ l Milch (3,5 % Fett)
50 ml flüssiger Honig
1 Banane
150 g gemischte tiefgekühlte Beeren
1 EL Butter

ZEITAUFWAND
Plane für die Zubereitung ca. 15 Minuten und zum Backen ca. 40 Minuten ein.

NÄHRWERTE
Pro Portion ca. 520 kcal, 14 g EW, 27 g F, 51 g KH

SCHWIERIGKEITSGRAD
Leicht

SO GEHT'S

- Zuerst solltest du den Backofen auf 190 °C vorheizen und eine Auflaufform (ca. 22 x 28 cm) einfetten.
- Dann hackst du die drei Nusssorten und gibst die Hälfte davon in eine Schüssel. Dann mischst du Haferflocken, Salz, Backpulver, Zimt, Milch und Honig unter.
- Als Nächstes die Banane schälen und in Scheiben schneiden. Die Hälfte der Bananenscheiben sowie die Hälfte der tiefgekühlten Beeren auf dem Boden der Form verteilen. Die Haferflockenmischung darübergeben und die restlichen Bananenscheiben, Beeren und Nüsse darauf verteilen.
- Alles mit der Butter in Flöckchen belegen und die Oats im Ofen auf der mittleren Schiene etwa 40 Minuten backen. Herausnehmen und vor dem Servieren kurz abkühlen lassen.

TIPP
Du möchtest deine Baked Oats glutenfrei herstellen? Kein Problem – dann verwende einfach glutenfreie Haferflocken. Mit einem Pflanzendrink anstelle der Milch sowie Ahornsirup statt Honig werden sie sogar vegan.

DEIN *Emotional Eating* BONUS

Für alle, die Heißhungerattacken vermeiden oder gesund abfedern möchten, gibt es eine einfache Lösung: Nüsse. Ob Walnüsse, Haselnüsse oder Cashewkerne – die knackigen Kraftpakete liefern gesunde Fette, reichlich Pflanzeneiweiß und kaum Kohlenhydrate. Laut Studien haben Personen, die regelmäßig Nüsse essen, einen geringeren Bauchumfang.

Muffins MIT KÜRBISKERNEN

ZUTATEN für 6 Muffins

Öl für die Form oder 6 Muffin-Papierbackförmchen
1 ½ sehr reife Bananen
40 g natives Kokosöl
150 g zarte Haferflocken
50 g Blaubeeren
125 ml ungesüßter Sojadrink
30 g Kürbiskerne
1 TL Zimtpulver

ZEITAUFWAND
Plane für die Zubereitung ca. 15 Minuten sowie zum Backen ca. 25 Minuten ein.

NÄHRWERTE
Pro Stück ca. 225 kcal, 6 g EW, 12 g F, 21 g KH

SCHWIERIGKEITSGRAD
Leicht

SO GEHT'S

- Zuerst solltest du den Backofen auf 200 °C vorheizen. Die Muffinform kannst du mit Öl einfetten oder die Papierförmchen in die Mulden setzen.
- Dann schälst du die Bananen und zerdrückst sie mit einer Gabel. Das Kokosöl musst du in einem Topf leicht erwärmen, bis es flüssig ist. Die Haferflocken kannst du im Mixer zu Mehl fein zermahlen. Die Beeren verlesen, waschen und trocken tupfen.
- In einer Rührschüssel mischst du das Öl mit Hafermehl, Sojadrink, Blaubeeren und dem Bananenmus zu einem geschmeidigen, glatten Teig.
- Den Teig auf die Förmchen verteilen, die Muffins mit den Kürbiskernen toppen und im Ofen auf der mittleren Schiene 20 bis 25 Minuten backen. Herausnehmen und gut abkühlen lassen. Zum Servieren aus den Mulden lösen und mit Zimt bestäuben.

TIPP
Diese veganen Muffins sind super für unterwegs oder auf Reisen, wenn man sich gerade kein Müsli zubereiten kann. Übrigens: Am nächsten Tag schmecken sie noch besser.

Haferflocken helfen dir super beim Abnehmen! Das liegt vor allem daran, dass sie einen speziellen Ballaststoff enthalten: Beta-Glucan. Dieser sorgt dafür, dass die Nahrung länger im Magen verweilt und du dich länger satt fühlst. Außerdem liefert Hafer Eiweiß, Mineralstoffe, Vitamine und Eisen, sodass du zum Start in den Tag rundum gut versorgt bist!

DEIN *Emotional Eating* BONUS

Vollkornbrot
MIT BANANENHÜTTENKÄSE

ZUTATEN für 2 Personen

2 reife Bananen
100 g Hüttenkäse
(körniger Frischkäse)
½ EL Ahornsirup
2 Scheiben Vollkornbrot
(à ca. 50 g)
15 g Walnusskerne

ZEITAUFWAND
Plane für die Zubereitung
ca. 10 Minuten ein.

NÄHRWERTE
Pro Portion ca. 320 kcal,
12 g EW, 9 g F, 45 g KH

SCHWIERIGKEITSGRAD
Leicht

SO GEHT'S

- Zuerst schälst du 1 Banane und zerdrückst sie mit einer Gabel. Das Bananenmus rührst du unter den Hüttenkäse und schmeckst den Mix mit dem Ahornsirup ab. Toaste die Vollkornbrote leicht an und bestreiche die Scheiben mit dem Bananenhüttenkäse.
- Anschließend die Walnüsse hacken. Die zweite Banane schälen, in feine Scheiben schneiden und mit den gehackten Walnüssen auf dem Hüttenkäse anrichten.

TIPP
Mit seiner körnigen Struktur und seinem hohen Eiweißgehalt eignet sich Hüttenkäse besonders gut für einen leckeren Brotaufstrich. Du kannst jedoch auch normalen Frischkäse verwenden.

Bananen enthalten reichlich Vitamine, Mineralstoffe und Antioxidantien, die gut für unseren Körper sind. Das Obst ist fast fettfrei, dafür aber sehr kohlenhydratreich – vor allem die reifen Früchte liefern viel Fruktose. Was Bananen vor allem auszeichnet, sind die enthaltenen Pektine – wasserlösliche Ballaststoffe, die im Darm aufquellen und so unsere Verdauung verlangsamen.

DEIN *Emotional Eating* BONUS

Suppen & SALATE

Diese Klassiker dürfen beim Emotional Eating auf keinen Fall fehlen. Denn hier gibt es reichlich Vitamine und Nährstoffe! Meine Suppen halten dich lange satt und eignen sich auch perfekt fürs Meal Prepping. Und in die Salatschüssel wandert alles, was bunt und gesund ist – und dazu noch gut schmeckt. Probier's einfach aus und lass dich überraschen!

Gazpacho MIT MANGO UND WALNÜSSEN

ZUTATEN für 2 Personen

½ Mango (ca. 250 g)
½ Salatgurke (ca. 150 g)
½ rote Paprikaschote
1 Knoblauchzehe
1 kleine Zwiebel
250 g passierte Tomaten (aus Glas oder Dose)
125 ml vegane Gemüsebrühe
2–3 EL Aceto balsamico
Salz und Pfeffer
25 g Walnusskerne
1–2 EL Olivenöl

ZEITAUFWAND
Plane für die Zubereitung ca. 30 Minuten sowie zum Kühlen ca. 30 Minuten ein.

NÄHRWERTE
Pro Portion ca. 285 kcal, 5 g EW, 18 g F, 23 g KH

SCHWIERIGKEITSGRAD
Leicht

SO GEHT'S

- Zunächst solltest du die Mango schälen, das Fruchtfleisch vom Stein und in mundgerechte Stücke schneiden. Dann wäschst du die Gurke und schneidest sie in grobe Würfel. Die Paprika entkernen, waschen und klein würfeln. Der Knoblauch wird geschält und durch die Presse gedrückt. Zuletzt musst du noch die Zwiebel schälen und fein würfeln.

- Dann beginnst du mit der Gazpacho, indem du erst die passierten Tomaten mit Brühe, Essig und Mango in einem hohen Rührbecher mit dem Stabmixer fein pürierst. Dann gibst du Gurke, Paprika, Knoblauch und Zwiebel dazu und pürierst alles nochmals kurz. Die Gazpacho wird mit Salz und Pfeffer gewürzt und mindestens 30 Minuten kühl gestellt.

- Während die Suppe kühlt, kannst du die Walnüsse klein hacken. Zum Servieren verteilst du die Suppe auf Schalen oder tiefe Teller, beträufelst alles mit dem Öl und streust die Nüsse darüber. Die Gazpacho kannst du zur Abwechslung auch mal mit gegarten Flusskrebsen oder ein paar gerösteten Kichererbsen verfeinern.

DEIN *Emotional Eating* BONUS

Suppen, ob kalt oder warm, sind die perfekten Abnehmhelfer: Isst man vor der Hauptmahlzeit eine Suppe, nimmt man rund ein Fünftel weniger Kalorien auf. Laut einer Studie sättigt ein aus einzelnen Lebensmitteln bestehendes Gericht, zu dem ein Glas Wasser getrunken wird, weniger gut als eine aus denselben Zutaten pürierte Suppe. Offenbar verweilt die Suppe länger im Magen.

Minestrone
MIT RÄUCHERTOFU

ZUTATEN für 2 Personen

1 Knoblauchzehe
150 g Tomaten
100 g Knollensellerie
100 g Möhren
50 g Zuckerschoten
½ Frühlingszwiebel
2 EL Olivenöl
5 EL Tomatenmark
1 EL Mehl
¾ l vegane Gemüsebrühe
Salz und Pfeffer
50 g Räuchertofu
½ Bund Basilikum

ZEITAUFWAND
Plane für die Zubereitung ca. 30 Minuten ein.

NÄHRWERTE
Pro Portion ca. 230 kcal, 8 g EW, 12 g F, 18 g KH

SCHWIERIGKEITSGRAD
Leicht

SO GEHT'S

- Den Knoblauch schälen und fein würfeln. Die Tomaten waschen und klein schneiden, dabei die Stielansätze entfernen (alternativ Cocktailtomaten verwenden und halbieren). Sellerie und Möhren kannst du putzen, schälen und in kleine Rauten schneiden. Die Zuckerschoten waschen und schräg halbieren. Die Frühlingszwiebel putzen, waschen und in dünne Ringe schneiden.

- Brate den Knoblauch in einem Topf im Öl an. Dann Tomatenmark und Mehl unterrühren und andünsten. Alles mit der Brühe ablöschen und unter Rühren aufkochen. Die Tomaten in die Suppe geben und 5 bis 10 Minuten mitgaren. Anschließend alles im Topf mit dem Stabmixer fein pürieren und die Suppe mit Salz und Pfeffer abschmecken.

- Dann Sellerie und Möhren in die Suppe geben, nach weiteren 5 Minuten Zuckerschoten und Frühlingszwiebelringe hinzufügen. Den Tofu in kleine Würfel schneiden, ebenfalls dazugeben und alles noch 3 bis 5 Minuten garen.

- Zum Servieren das Basilikum waschen, trocken tupfen, die Blätter abzupfen und, wenn du magst, grob hacken. Die Suppe auf Schalen oder tiefe Teller verteilen und mit Basilikum garnieren.

TIPP
Zum Verfeinern kannst du gerne einen kleinen Löffel Crème fraîche dazugeben und ein wenig Parmesan über die Suppe streuen. Beides gibt es auch als vegane Alternative.

DEIN *Emotional Eating* BONUS

Ein Teller Minestrone liefert mit 250 g Gemüse und 1 Schuss hochwertigem Olivenöl nur knapp 230 Kalorien. Damit ist der italienische Suppenklassiker ein toller Sattmacher und, weil er so gut schmeckt, kann man ihn auch zweimal am Tag essen. Die Minestrone lässt sich aber auch prima einfrieren – bereite sie also am besten gleich in einer größeren Menge zu.

TOMATENSUPPE MIT PARMESAN-CROSTINI

ZUCCHINISUPPE MIT FETA

Tomatensuppe
MIT PARMESAN-CROSTINI

ZUTATEN für 2 Personen

½ Zwiebel, 1 Knoblauchzehe
2 EL Olivenöl, 300 g Tomaten
1 EL Tomatenmark
150 ml Gemüsebrühe
Salz und Pfeffer
½ TL flüssiger Honig
½ TL Oregano
2 Scheiben Vollkornbrot (à 50 g)
25 g geriebener Parmesan
40 g Sahne, ½ Bund Basilikum
1 EL Crème fraîche

ZEITAUFWAND
Plane für die Zubereitung ca. 35 Minuten inkl. ca. 15 Minuten zum Backen ein.

NÄHRWERTE
Pro Portion ca. 380 kcal, 11 g EW, 23 g F, 28 g KH

SCHWIERIGKEITSGRAD
Leicht

SO GEHT'S

- Für die Crostini den Backofen auf 200 °C vorheizen. Zuerst schälst du Zwiebel und Knoblauch und schneidest sie in feine Würfel. Erhitze das Öl in einem Topf und brate Zwiebel und Knoblauch darin bei mittlerer Hitze 2 bis 3 Minuten an.
- Inzwischen kannst du die Tomaten waschen und grob teilen, zu Zwiebel und Knoblauch geben und etwa 10 Minuten mitdünsten. Dann rührst du das Tomatenmark ein und gießt die Brühe dazu. Alles mit Salz, Pfeffer, Honig und Oregano würzen und die Suppe offen bei mittlerer Hitze etwa 20 Minuten köcheln lassen.
- Inzwischen das Brot in mundgerechte Würfel schneiden und auf einem Backblech verteilen. Die Crostini mit Parmesan bestreuen und im Ofen auf der mittleren Schiene 10 bis 15 Minuten überbacken. Herausnehmen und kurz abkühlen lassen.
- Nun musst du die Suppe im Topf mit dem Stabmixer pürieren und durch ein Sieb streichen. Die Sahne dazugeben und alles nochmals aufkochen. In der Zwischenzeit kannst du das Basilikum waschen, trocken tupfen und die Blätter abzupfen, einige Blätter legst du zum Garnieren beiseite, den Rest hackst du grob.
- Zum Servieren die Suppe nochmals abschmecken, auf Schalen oder tiefe Teller verteilen und mit Basilikum, Crème fraîche und Crostini garnieren.

DEIN *Emotional Eating* **BONUS**

Für die Crostini kannst du auch andere Brotsorten nehmen, etwa Graubrot oder Toastbrot. Allerdings bietet Vollkorn klare Vorteile: Die Ballaststoffe aus den Randschichten des ganzen Korns halten uns länger satt und unsere Blutfettwerte in Schach. Daneben kurbeln sie die Verdauung an und sorgen für eine gesunde Bakterienvielfalt im Darmmikrobiom.

Zucchinisuppe MIT FETA

ZUTATEN für 2 Personen

3 kleine Zucchini (ca. 450 g)
1 kleine Zwiebel
etwas natives Kokosöl
1 TL körnige Gemüsebrühe
2 EL Kräuterfrischkäse (Doppelrahmstufe)
Salz und Pfeffer
2 EL Rapsöl
200 g Feta (Schafskäse)

ZEITAUFWAND
Plane für die Zubereitung ca. 20 Minuten ein.

NÄHRWERTE
Pro Portion ca. 495 kcal, 22 g EW, 42 g F, 7 g KH

SCHWIERIGKEITSGRAD
Leicht

SO GEHT'S

- Wasche die Zucchini gut ab, viertel sie und schneide sie dann in dünne Scheiben. Schäle und würfle die Zwiebel fein und brate sie in einem großen Topf im Kokosöl an. Gib dann die Zucchini und die Brühe dazu und gieße das Gemüse mit so viel Wasser auf, dass alles knapp bedeckt ist. Die Zucchinisuppe sollte nun etwa 8 Minuten köcheln.

- Als Nächstes nimmst du den Stabmixer und pürierst die Zucchini unter Zugabe des Frischkäses zu einer feinen Suppe. Schmecke die Suppe mit Salz und Pfeffer ab und mische das Rapsöl unter.

- Zum Servieren schneidest du den Feta in kleine Würfel. Verteile die Suppe auf Schalen oder tiefe Teller und bestreue sie mit den Fetawürfeln.

TIPP
Weil in und direkt unter der Schale der Zucchini die meisten Nährstoffe sitzen, empfiehlt es sich, die Schale immer mitzuverwenden. In dieser Suppe sorgt sie auch für die frische grüne Farbe.

Zucchini sind ein sehr figurfreundliches Gemüse, denn ihr hoher Wasseranteil führt dazu, dass wir uns lange satt fühlen. Außerdem enthalten Zucchini Ballaststoffe (1,1 g pro 100 g), die den Blutzucker nur langsam ansteigen lassen und uns so ebenfalls länger satt halten. Weil sie nur wenige Kohlenhydrate liefern, sind Zucchini ideal für die Low-Carb-Küche.

DEIN *Emotional Eating* BONUS

Möhrensuppe
MIT KRABBEN UND FENCHEL

ZUTATEN für 4 Personen

300 g Möhren
150 g Fenchel
1 mehligkochende Kartoffel (ca. 100 g)
½ TL Zucker
30 g Butter
Salz
¾ l Gemüsebrühe
Pfeffer
100 g Crème fraîche
100 g Krabben (vorgegart und geschält)

ZEITAUFWAND
Plane für die Zubereitung ca. 35 Minuten ein.

NÄHRWERTE
Pro Portion ca. 470 kcal, 14 g EW, 34 g F, 24 g KH

SCHWIERIGKEITSGRAD
Leicht

SO GEHT'S

- Zuerst solltest du die Möhren putzen, schälen und grob würfeln. Den Fenchel kannst du putzen, waschen und in Scheiben schneiden, lege dabei etwas Fenchelgrün zum Garnieren beiseite. Die Kartoffel musst du schälen und klein würfeln.

- Den Zucker erhitzt du in einem Topf und lässt ihn unter Rühren leicht karamellisieren. Dann die Butter und die Möhren hinzufügen und andünsten, leicht mit Salz würzen. Die Hälfte des Fenchels und der Kartoffelwürfel sowie die Brühe dazugeben und alles mit geschlossenem Deckel bei schwacher Hitze 25 Minuten köcheln lassen.

- Dann pürierst du die Suppe im Topf mit dem Stabmixer cremig und gibst den restlichen Fenchel dazu. Lasse die Suppe noch etwa 5 Minuten ziehen und schmecke sie mit Salz und Pfeffer ab.

- Zum Servieren verteilst du die Suppe auf Schalen oder tiefe Teller und setzt jeweils 1 Klecks Crème fraîche darauf. Mit den Krabben toppen und mit dem beiseitegelegten Fenchelgrün garnieren.

TIPP
Wenn du magst, kannst du den karamellisierten Zucker mit etwa 125 ml Weißwein ablöschen. Außerdem kannst du als Stoffwechselbooster noch etwas Chilipulver oder Ingwer dazugeben.

DEIN *Emotional Eating* BONUS

Dass Möhren supergesund sind, weiß wohl jeder. Weil sie neben anderen wertvollen Nährstoffen vor allem reichlich Betacarotin liefern, sind sie die perfekten Zellschützer und sollen sogar Krebs vorbeugen. Beim Abnehmen helfen Möhren, weil sie nur wenige Kalorien haben und dank ihrer Ballaststoffe einen hohen Blutzuckerspiegel wieder senken können.

Cremige Pasten
FÜR SUPPE & CO.

Das solltest du immer im Vorrat haben: eine gesunde Gemüsepaste, aus der du im Nu eine wärmende Suppe am Abend kochen kannst. Und würzige Pasten, die perfekt zu Kartoffeln und Gemüse, aber auch mal zu gebratenem Fisch oder Fleisch passen.

10-MINUTEN-GEMÜSEPASTE

Für ca. 500 g: 1 Bund Suppengrün (ca. 500 g) putzen, waschen und grob würfeln. Mit 100 g Salz in den Mixer oder die Küchenmaschine geben. Alles 60 bis 120 Sekunden häckseln, dabei zwischendurch Pausen machen und die Paste mit einem Spachtel von den Rändern schieben. Die Paste in saubere, am besten ausgekochte Schraubverschlussgläser füllen und kühl aufbewahren. Zum Kochen 1 bis 2 TL Brühpaste auf ¼ l Wasser verwenden. Die Paste ist im Kühlschrank 2 bis 3 Monate haltbar. Damit sie nicht schlecht wird, solltest du die benötigte Menge immer mit einem sauberen Löffel entnehmen.

ZEITAUFWAND
Plane für die Zubereitung ca. 10 Minuten ein.

NÄHRWERTE
Pro Portion (ca. 25 g) ca. 6 kcal,
1 g EW, 1 g F, 1 g KH

SCHWIERIGKEITSGRAD
Leicht

DEIN *Emotional Eating* BONUS

Beim Blick auf die Zutatenliste schneiden viele fertige Gemüsebrühen leider schlecht ab: Viel Zucker, viel Hefe und reichlich Füllstoffe – das brauchen wir alles nicht. Daher war ich schon lange auf der Suche nach einer Alternative, die man ganz easy selbst herstellen kann. Voilà, hier kommt meine Homemade-Variante, die nur aus Suppengrün und Salz besteht.

TEXMEX-GUACAMOLE

Für 1 Portion: 1 milde, rote Chilischote längs halbieren, entkernen, waschen und fein würfeln. ½ kleine rote Zwiebel und 1 Knoblauchzehe schälen und fein würfeln. 1 Tomate waschen und fein würfeln, dabei den Stielansatz entfernen. 1 reife Hass-Avocado halbieren, den Kern entfernen und das Fruchtfleisch auslösen. Dann mit dem Saft von ½ Limette im Mixer fein pürieren, mit Salz, Pfeffer und ½ TL Tabasco würzen und Chili-, Zwiebel-, Knoblauch- und Tomatenwürfel untermischen. Etwa 15 Minuten ziehen lassen.

ZEITAUFWAND
Plane für die Zubereitung ca. 10 Minuten und zum Ziehen ca. 15 Minuten ein.

NÄHRWERTE
Pro Portion ca. 300 kcal, 4 g EW, 24 g F, 13 g KH

SCHWIERIGKEITSGRAD
Leicht

ORIENTAL HUMMUS

Für 2 Portionen: 125 g Kichererbsen (aus dem Glas) in einem Sieb abbrausen und abtropfen lassen. ½ Bund Petersilie waschen, trocken tupfen, Blätter abzupfen und hacken. 1 Knoblauchzehe schälen und fein würfeln, in einem hohen Rührbecher mit Petersilie, 3 EL Olivenöl, je 1 Prise gemahlenem Kreuzkümmel und edelsüßem Paprikapulver sowie Salz mischen. Kichererbsen dazugeben und alles mit dem Stabmixer fein pürieren. Zuletzt 2 EL Tahin und 1 EL Zitronensaft unterrühren, dann im Kühlschrank durchziehen lassen. Hummus passt zu Beilagen wie Kartoffeln, aber auch zu Fleisch oder Gemüse.

ZEITAUFWAND
Plane für die Zubereitung ca. 10 Minuten ein.

NÄHRWERTE
Pro Portion ca. 345 kcal, 9 g EW, 26 g F, 17 g KH

SCHWIERIGKEITSGRAD
Leicht

Cremesuppe MIT BROKKOLI UND SPINAT

ZUTATEN für 2 Personen

500 g Brokkoli
1 Zwiebel
2 Knoblauchzehen
100 g junger Spinat
2 EL Olivenöl
2 EL vegane Gemüsebrühe
200 ml Kokosmilch
Salz und Pfeffer
etwas frisch geriebene Muskatnuss

ZEITAUFWAND
Plane für die Zubereitung ca. 20 Minuten ein.

NÄHRWERTE
Pro Portion ca. 385 kcal, 10 g EW, 33 g F, 10 g KH

SCHWIERIGKEITSGRAD
Leicht

SO GEHT'S

- Zuerst putzt du den Brokkoli, wäschst ihn und teilst ihn in Röschen. Zwiebel und Knoblauch schälen und fein würfeln. Den Spinat verlesen und waschen, dabei die groben Stiele entfernen.
- Dann dünstest du Zwiebel und Knoblauch in einer Pfanne im Öl an und gibst Brokkoli, Spinat und Brühpulver dazu. Alles mit etwa 400 ml Wasser ablöschen, sodass das Gemüse knapp bedeckt ist, und mit geschlossenem Deckel 10 Minuten köcheln lassen.
- Anschließend gibst du die Kokosmilch dazu und pürierst alles im Topf mit dem Stabmixer cremig. Zuletzt solltest du die Suppe mit Salz, Pfeffer und Muskatnuss kräftig abschmecken. Die Suppe zum Servieren auf Schalen oder tiefe Teller verteilen.

TIPP
Für mehr Cremigkeit einfach noch etwas Crème fraîche dazugeben – allerdings ist die Suppe dann nicht mehr vegan und auch nicht mehr laktosefrei.

DEIN Emotional Eating BONUS

Grünes Gemüse ist supergesund, weil es reich an Vitaminen, Mineral- und sekundären Pflanzenstoffen ist. Brokkoli zählt zu meinen Favoriten, um genussvoll und kontrolliert abzunehmen. Denn in 100 Gramm der dunkelgrünen Röschen stecken nur 34 Kalorien und kaum Kohlenhydrate. Dafür aber reichlich Quercetin, das unsere sportliche Leistungsfähigkeit erhöht.

Thai-Currysuppe
MIT GEMÜSE UND TOFU

ZUTATEN für 2 Personen

200 g Tofu
½ Zwiebel
1 Knoblauchzehe
1 Chilischote
150 g Brokkoli
½ rote Paprikaschote
75 g Zuckerschoten
2 EL natives Kokosöl
1 TL rote Thai-Currypaste
400 ml Kokosmilch
200 ml vegane Gemüsebrühe
½ TL gemahlene Kurkuma
Salz und Pfeffer

ZEITAUFWAND
Plane für die Zubereitung ca. 30 Minuten ein.

NÄHRWERTE
Pro Portion ca. 690 kcal, 22 g EW, 60 g F, 16 g KH

SCHWIERIGKEITSGRAD
Leicht

SO GEHT'S

- Zuerst solltest du den Tofu in mundgerechte Stücke schneiden. Dann kannst du Zwiebel und Knoblauch schälen und separat fein würfeln. Die Chilischote putzen, entkernen, waschen und in dünne Ringe schneiden. Den Brokkoli putzen, waschen und in Röschen teilen. Entkerne und wasche die Paprika und schneide sie in etwa 5 mm dünne Streifen. Die Zuckerschoten waschen.

- Das Kokosöl in einem Topf erhitzen und darin den Tofu mit der Zwiebel anbraten. Gib dann Knoblauch, Chilischote und Currypaste dazu und brate alles mit an. Anschließend Brokkoli, Paprika und Zuckerschoten dazugeben und kurz anbraten. Zuletzt alles mit Kokosmilch und Brühe auffüllen.

- Die Suppe mit Kurkuma würzen und offen bei mittlerer Hitze noch etwa 15 Minuten leicht köcheln lassen. Zum Servieren die Suppe mit Salz und Pfeffer abschmecken und auf Schalen oder tiefe Teller verteilen. Wer will, serviert noch Bio-Limettenschnitze dazu.

TIPP
Tofu ist vielseitig einsetzbar und sollte in keiner Low-Carb-Küche fehlen, da er fast keine Kohlenhydrate enthält und eine tolle pflanzenbasierte Proteinalternative zu Fleisch bietet.

DEIN *Emotional Eating* BONUS

Da die Kokosnuss eine eher fetthaltige Frucht ist, enthält auch Kokosmilch etwa 20 Prozent Fett. Dabei handelt es sich vor allem um mittelkettige Fettsäuren, die der Körper als schnelle Energielieferanten nutzt und im Gegensatz zu anderen Fetten nur selten ins Fettgewebe einlagert. Wer abnehmen möchte, kann also guten Gewissens zu Kokosmilch greifen.

Linsensuppe
MIT PAPRIKA UND ZWIEBEL

ZUTATEN für 2 Personen

1 Gemüsezwiebel
1 Knoblauchzehe
2 kleine Frühlingszwiebeln
1 rote Paprikaschote
1–2 EL Olivenöl
Salz und Pfeffer
2–3 EL Tomatenmark
½ TL geräuchertes Paprikapulver
½ l vegane Gemüsebrühe
150 g rote Linsen

ZEITAUFWAND
Plane für die Zubereitung ca. 30 Minuten ein.

NÄHRWERTE
Pro Portion ca. 405 kcal, 23 g EW, 20 g F, 52 g KH

SCHWIERIGKEITSGRAD
Leicht

SO GEHT'S

- Zuerst schälst du Zwiebel und Knoblauch und schneidest sie in feine Würfel. Dann putzt du die Frühlingszwiebeln, wäschst sie und schneidest sie in dünne Ringe. Die Paprika längs halbieren, entkernen, waschen und in kleine Würfel schneiden.
- Das Öl in einen Topf erhitzen und Zwiebel- und Knoblauchwürfel darin bei mittlerer Hitze andünsten, salzen und pfeffern. Gib Frühlingszwiebeln und Paprika dazu und brate diese ebenfalls an. Dann Tomatenmark und Paprikapulver hinzufügen und alles noch etwa 2 Minuten dünsten.
- Anschließend die Brühe hinzufügen und aufkochen. Die Linsen dazugeben und alles mit geschlossenem Deckel bei schwacher Hitze etwa 15 Minuten garen. Zum Servieren die Suppe nochmals abschmecken und auf Schalen oder tiefe Teller verteilen.

TIPP
Das Tolle an roten Linsen ist, dass sie vor dem Garen nicht eingeweicht werden müssen und im Vergleich zu anderen Linsensorten schnell weich garen. Und dazu schmecken sie auch noch köstlich!

Rote Linsen liefern Eisen und sind damit gut für die Blutbildung, Muskeln und Leber. Die Hülsenfrüchte punkten zudem mit hochwertigem pflanzlichem Eiweiß. Außerdem sättigen rote Linsen lange, weil sie viele Ballaststoffe enthalten, die den Blutzuckerspiegel nur langsam ansteigen lassen. Dadurch haben Heißhungerattacken keine Chance.

DEIN Emotional Eating BONUS

Dressings
IM NU ANGERÜHRT

Hier lernst du drei Joker aus meiner Küche kennen, die ich immer im Kühlschrank aufbewahre – falls ich mal ganz dringend einen großen Salat brauche oder eine würzige Marinade für Tofu, Fisch oder Fleisch.

HOMEMADE TERIYAKI-SAUCE

Für 4 Portionen: 1 Knoblauchzehe und 1 haselnussgroßes Stück Ingwer schälen und fein würfeln. Dann erhitzt du 2 EL Sesamöl in einer Pfanne und dünstest Knoblauch und Ingwer darin an (nicht rösten!). Gib 60 g Rohrzucker dazu und lass ihn unter Rühren schmelzen. Danach 140 ml Sojasauce, 70 ml Mirin (japan. Reiswein) und 70 ml Sake dazugießen. Die Teriyaki-Sauce bei mittlerer Hitze unter Rühren etwas einkochen. Vom Herd nehmen, abkühlen lassen und fertig! Mit der Sauce marinieren Japaner gerne Fleisch, Fisch und Gemüse – sie passt super zum Seelachs mit Gemüse von Seite 136.

ZEITAUFWAND
Plane für die Zubereitung ca. 15 Minuten ein.

NÄHRWERTE
Pro Portion ca. 185 kcal, 4 g EW, 7 g F, 26 g KH

SCHWIERIGKEITSGRAD
Mittel

DEIN *Emotional Eating* BONUS

Mit ein paar Gewürzen kannst du dir die Ernährungsumstellung im wahrsten Sinne schmackhaft machen. Hier geben Ingwer, Kurkuma und Co. Saucen und Dressings ein raffiniertes Aroma. Zudem stimulieren sie unsere Geschmackssinne im Kampf gegen Heißhungerattacken und sorgen im Stoffwechsel für einen leicht erhöhten Energieverbrauch.

MARINADE FÜR TOFU

Für ca. 75 ml (reicht für 1 Tofu): 1 Rosmarinzweig waschen, trocken tupfen, die Nadeln abzupfen und fein hacken. In einer kleinen Schüssel 3 EL Olivenöl (zum Braten), Salz und Pfeffer, je ½ TL geräuchertes Paprikapulver, gemahlene Kurkuma und geröstete Knoblauchwürfel sowie 2 EL Sojasauce mit dem Rosmarin mischen. Zum Marinieren 1 Tofu (ca. 200 g) würfeln und in der Marinade kurz ziehen lassen, anschließend in einer Pfanne rundum anbraten. Die Marinade eignet sich auch sehr gut für Fisch und Fleisch.

ZEITAUFWAND
Plane für die Zubereitung ca. 5 Minuten ein.

NÄHRWERTE
Pro Portion ca. 525 kcal, 17 g EW, 21 g F, 4 g KH

SCHWIERIGKEITSGRAD
Leicht

ALLROUND-SALATDRESSING

Für 2 Portionen: In einer Schüssel 2 bis 3 EL Olivenöl, 1 bis 2 EL Aceto balsamico, ½ TL mittelscharfen Senf und 1 EL Joghurt (1,5 % Fett) verrühren und mit Salz, Pfeffer und 1 TL italienischen Kräutern würzen. Das Dressing ist der Allrounder unter den Salatsaucen und passt zu fast allem.

ZEITAUFWAND
Plane für die Zubereitung ca. 5 Minuten ein.

NÄHRWERTE
Pro Portion ca. 125 kcal, 1 g EW, 13 g F, 2 g KH

SCHWIERIGKEITSGRAD
Leicht

Spargelsalat MIT BURRATA UND RÖSTBROT

ZUTATEN für 2 Personen

300 g grüner Spargel
125 g Cocktailtomaten
40 g Rucola (ersatzweise Feldsalat)
100 g Vollkornbaguette
5 EL Olivenöl
½ Bio-Zitrone
2 TL Weißweinessig
Salz und Pfeffer
2 TL Aceto balsamico
1 TL mittelscharfer Senf
5 Stiele Basilikum
25 g Pinienkerne
2 kleine Kugeln Burrata

ZEITAUFWAND
Plane für die Zubereitung ca. 25 Minuten ein.

NÄHRWERTE
Pro Portion ca. 640 kcal, 22 g EW, 46 g F, 29 g KH

SCHWIERIGKEITSGRAD
Leicht

SO GEHT'S

- Wasche den Spargel, schäle das untere Drittel und schneide die holzigen Enden ab. Dann schneidest du die Stangen in etwa 1 cm breite Stücke. Tomaten waschen und halbieren. Rucola verlesen, waschen und trocken tupfen, dabei die groben Stiele entfernen.

- Das Baguette kannst du in etwa 2 cm große Würfel schneiden und in einer Pfanne in 2 bis 3 EL Öl etwa 5 Minuten rundum knusprig braten. Dann vom Herd ziehen und die Brotwürfel auf einen Teller geben.

- Für das Dressing wäschst du die Zitrone heiß, trocknest sie ab und reibst einen Teil der Schale fein ab. Dann die restliche Zitrone auspressen und 2 EL Saft in einer Salatschüssel mit Weißweinessig, Salz und Pfeffer würzen. Anschließend das übrige Öl, den Aceto balsamico und den Senf unterrühren.

- Das Basilikum waschen, trocken tupfen und die Blätter abzupfen. Die Pinienkerne in der Restwärme der Pfanne vom Röstbrot hell rösten.

- Dann gibst du den Spargel mit Tomaten und Rucola zum Dressing und mischst alles locker. Den Salat auf Tellern anrichten und mit Baguettewürfeln und Pinienkernen bestreuen. Zuletzt je 1 Kugel Burrata daraufsetzen.

TIPP
Anstelle von Burrata kannst du auch normale Mozzarellakugeln verwenden. Oder als Meeresfrüchte-Fan einfach gegarte Garnelen oder Flusskrebse mit dem Spargelsalat anrichten.

DEIN *Emotional Eating* BONUS

Das Highlight in diesem Rezept ist der grüne Spargel, der hier roh verarbeitet wird. Grüner Spargel reinigt nicht nur das Blut, sondern enthält auch reichlich Folsäure – ein Vitamin der B-Gruppe, das die Zellerneuerung und die Blutbildung fördert. Dazu kommen noch eine gute Portion Zink sowie Vitamin A, das unter anderem für eine gesunde Haut sorgt.

Möhrenrohkost
MIT SPROSSEN UND MOZZARELLA

ZUTATEN für 2 Personen

125 g Sojasprossen
½ Eisbergsalat
250 g Möhren
4 EL Zitronensaft
Salz und Pfeffer
Zucker
4 EL Olivenöl
½ Bund Petersilie
1 Packung Mini-Mozzarella (ca. 125 g)

ZEITAUFWAND
Plane für die Zubereitung ca. 15 Minuten ein.

NÄHRWERTE
Pro Portion ca. 440 kcal, 16 g EW, 34 g F, 13 g KH

SCHWIERIGKEITSGRAD
Leicht

SO GEHT'S

- Zuerst gibst du die Sojasprossen in ein Sieb, braust sie heiß ab und lässt sie dann abtropfen.

- Danach kannst du vom Eisbergsalat die äußeren Blätter entfernen, den Salat in die einzelnen Blätter teilen, waschen, trocken schleudern und in mundgerechte Stücke zupfen. Die Möhren solltest du putzen, schälen und in dünne Streifen schneiden.

- Für das Dressing den Zitronensaft mit Salz, Pfeffer und 1 Prise Zucker mischen. Dann das Öl dazugeben und alles kurz verrühren. Anschließend mischst du die Sprossen mit dem Eisbergsalat und den Möhren und gibst das Dressing darüber. Wasche die Petersilie, tupfe sie trocken, zupfe die Blätter ab und hacke sie grob. Dann mischst du sie ebenfalls unter den Salat.

- Die Möhrenrohkost auf Tellern anrichten und zuletzt mit den Mini-Mozzarella-Kugeln garnieren.

TIPP
Für noch mehr Frische und Farbe empfehle ich dir, die Möhrenrohkost mit einigen Orangenstücken und 1 fein gewürfelten roten Zwiebel aufzupeppen.

Bei Olivenöl unterscheidet man das raffinierte und das kalt gepresste, auch bekannt als natives Olivenöl extra. Wenn du es zum Braten verwenden willst, solltest du immer die raffinierte Variante nehmen, dessen sogenannter Rauchpunkt bei etwa 220 °C liegt. Kalt gepresstes Olivenöl beginnt schon ab 160 °C zu qualmen und ist daher nicht für starkes Erhitzen geeignet.

DEIN *Emotional Eating* BONUS

Rucolasalat
MIT BACON UND KICHERERBSEN

ZUTATEN für 2 Personen

40 g Rucola
3 Tomaten
½ rote Paprikaschote
½ Glas Kichererbsen
(ca. 250 g Abtropfgewicht)
100 g Frühstücksspeck
(Bacon; in kleinen Würfeln)
2 EL Joghurt
2 EL Olivenöl
2 EL Aceto balsamico
½ TL mittelscharfer Senf
1 TL italienische Kräuter
Salz und Pfeffer
10 schwarze Oliven (ohne Stein)
20 g geriebener Käse
(z. B. Gouda)

ZEITAUFWAND
Plane für die Zubereitung ca. 20 Minuten ein.

NÄHRWERTE
Pro Portion ca. 710 kcal, 14 g EW, 55 g F, 31 g KH

SCHWIERIGKEITSGRAD
Leicht

SO GEHT'S

- Verlese den Rucola, wasche ihn und schleudere ihn trocken, dabei kannst du die groben Stiele entfernen. Danach schneidest du die Blätter noch etwas kleiner.
- Die Tomaten wäschst du und schneidest sie in kleine Stücke, dabei entfernst du die Stielansätze. Die Paprika halbierst du der Länge nach, entkernst und wäschst sie, danach schneidest du sie auch in kleine Stücke. Die Kichererbsen kannst du in einem Sieb gründlich abbrausen und dann abtropfen lassen.
- Die Speckwürfel mischst du mit dem Rucola in einer Salatschüssel. Dann gibst du Tomaten, Paprika und Kichererbsen dazu und mischst alles gut.
- Für das Dressing verrührst du Joghurt, Öl, Essig, Senf und Kräuter und würzt den Mix mit Salz und Pfeffer. Dann gibst du das Dressing über den Salat und mischst alles gründlich durch. Richte den Salat mit dem geriebenen Käse und den Oliven auf Tellern an.

TIPP
Wenn du noch einen Proteinbooster möchtest, kannst du zusätzlich gebratene Hähnchen- und Rindfleischstreifen auf dem Salat anrichten. Als Vegetarier kannst du gebratenen Tofu oder Seitan nehmen, dann verzichtest du natürlich auf den Bacon.

DEIN *Emotional Eating* BONUS

Allein schon wegen des Rucolas sammelst du mit diesem Salat kräftig Pluspunkte in Sachen Gesundheit. Seine bittere Note verdankt Rucola sogenannten Senfölglykosiden – das sind Bitterstoffe, die mit ihren Antioxidantien unsere Abwehrkräfte pushen. Außerdem helfen Bitterstoffe beim Abnehmen, weil sie unseren Appetit zügeln und die Lust auf Süßes hemmen.

Gurkensalat
MIT FETA UND MINZE

ZUTATEN für 2 Personen

150 g Feta (Schafskäse)
½ Bund Frühlingszwiebeln
2–3 EL Olivenöl
2–3 EL Zitronensaft
Salz und Pfeffer
100 g Gewürzgurken
(mit Einlegesud)
1 große Salatgurke (ca. 400 g)
½ TL gemahlener Kreuzkümmel
2–3 Stiele Minze

ZEITAUFWAND

Plane für die Zubereitung ca. 10 Minuten sowie zum Ziehen ca. 10 Minuten ein.

NÄHRWERTE

Pro Portion ca. 375 kcal, 14 g EW, 31 g F, 8 g KH

SCHWIERIGKEITSGRAD

Leicht

SO GEHT'S

- Zuerst solltest du den Feta mit einer Gabel grob zerdrücken oder mit einem Messer in kleine Würfel schneiden. Dann die Frühlingszwiebeln putzen, waschen und in dünne Ringe schneiden.
- Mische Feta und Frühlingszwiebeln mit Öl, Zitronensaft, Salz und Pfeffer, gib nach Bedarf noch etwas Gurkeneinlegesud dazu.
- Dann musst du die Salatgurke putzen, waschen und in dünne Scheiben schneiden oder auf der Gemüsereibe fein hobeln. Die Gewürzgurken ebenfalls klein schneiden. Beide Gurkensorten unter den Feta-Zwiebel-Mix heben.
- Den Gurkensalat mit Kreuzkümmel und Pfeffer würzen. Die Minze waschen, trocken tupfen und die Blätter abzupfen. Einige Blätter zum Garnieren beiseitelegen, den Rest grob hacken und unter den Salat heben.
- Den Salat etwa 10 Minuten ziehen lassen und dann nochmals abschmecken. Zum Servieren auf Tellern anrichten und mit den beiseitegelegten Minzeblättern garnieren.

DEIN Emotional Eating BONUS

Salatgurken kannst du, so oft du willst, guten Gewissens genießen: Sie haben kaum Kalorien (ca. 14 kcal pro 100 g), aber einen Wasseranteil von fast 95 Prozent, weshalb sie schnell den Magen füllen. Das gilt übrigens auch für Tomaten. Ein weiteres Plus von Salatgurken: Sie enthalten Mineralstoffe, die den Fettstoffwechsel anregen.

BOHNENSALAT MIT THUNFISCH UND PILZEN

PIKANTER KICHERERBSENSALAT

Bohnensalat
MIT THUNFISCH UND PILZEN

ZUTATEN für 2 Personen

250 g grüne Bohnen
Salz
2–3 Stiele Schnittlauch
Pfeffer
3 EL Weißweinessig
3–4 EL Olivenöl
½ TL mittelscharfer Senf
125 g Champignons
½ rote Paprikaschote
1 Dose Thunfisch (ca. 130 g; in Lake; MSC-Siegel beachten!)

ZEITAUFWAND
Plane für die Zubereitung ca. 20 Minuten sowie zum Ziehen ca. 10 Minuten ein.

NÄHRWERTE
Pro Portion ca. 285 kcal, 20 g EW, 18 g F, 8 g KH

SCHWIERIGKEITSGRAD
Leicht

SO GEHT'S

- Putze die Bohnen, wasche sie und schneide sie in etwa 4 cm lange Stücke. Dann garst du die Bohnen in wenig kochendem Salzwasser 10 bis 15 Minuten bissfest.
- Inzwischen für die Vinaigrette den Schnittlauch waschen, trocken tupfen und in feine Röllchen schneiden. Mit Salz, Pfeffer, Essig, Öl und Senf in einer Salatschüssel verrühren.
- Die Pilze kannst du putzen, falls nötig, trocken abreiben und in Scheiben schneiden. Die Paprika entkernen, waschen und in kleine Würfel schneiden. Pilze und Paprika zur Vinaigrette geben.
- Die Bohnen in ein Sieb abgießen, abtropfen lassen und unter den Salat mischen. Alles etwa 10 Minuten ziehen lassen. Zuletzt den Thunfisch abgießen und auf dem Salat anrichten. Den Salat zum Servieren auf Teller verteilen. Wenn du keinen Fisch möchtest, nimm als Alternative ein paar leckere Kidneybohnen.

DEIN *Emotional Eating* BONUS

Grüne Bohnen enthalten so gut wie kein Fett und kaum Kalorien. Sie liefern dafür viele gesunde Nährstoffe wie Kalium, das im Stoffwechsel entwässernd wirkt. Nicht nur deshalb sind Bohnen das perfekte Gemüse zum Abnehmen: Sie zeichnen sich auch durch die Kombination von viel Eiweiß und gesunden Kohlenhydraten (wie Faserstoffen und Stärke) aus – das hält uns lange satt!

Pikanter KICHERERBSENSALAT

ZUTATEN für 2 Personen

1 Dose Kichererbsen
(ca. 250 g Abtropfgewicht)
2 Tomaten
½ rote Paprikaschote
½ gelbe Paprikaschote
1–2 Zweige Thymian
Chilipulver (Menge nach Belieben)
2 EL Olivenöl
1 TL Tomatenmark
1 EL Zitronensaft
1 Knoblauchzehe
Salz und Pfeffer

ZEITAUFWAND
Plane für die Zubereitung ca. 15 Minuten ein.

NÄHRWERTE
Pro Portion ca. 290 kcal, 11 g EW, 14 g F, 27 g KH

SCHWIERIGKEITSGRAD
Leicht

SO GEHT'S

- Zuerst gibst du die Kichererbsen in ein Sieb, braust sie ab und lässt sie gut abtropfen. Die Tomaten waschen und in kleine Würfel schneiden, dabei die Stielansätze entfernen. Die Paprikahälften entkernen, waschen und ebenfalls klein würfeln. Den Thymian waschen, trocken tupfen, die Blätter abzupfen und fein hacken.
- Anschließend gibst du die Kichererbsen und das Gemüse in eine Salatschüssel und würzt alles mit Thymian. Das Chilipulver kannst du nach Geschmack dazugeben.
- Für das Dressing mischst du Öl, Tomatenmark, Zitronensaft und 1 bis 2 EL Wasser in einer kleinen Schüssel. Dann schälst du den Knoblauch und presst ihn dazu. Das Dressing über das Gemüse geben, den Salat locker durchmischen und mit Salz und Pfeffer abschmecken. Zum Servieren auf Teller verteilen.

TIPP
Du kannst die Kichererbsen vorher in eine Marinade einlegen. Dazu beispielsweise etwas Olivenöl mit gemahlener Kurkuma und Paprikapulver mischen, dann brauchst du später kein zusätzliches Öl mehr. Zudem kannst du den Salat mit Tofuwürfeln toppen – für einen echten veganen Sattmacher!

DEIN *Emotional Eating* BONUS

Kichererbsen machen nicht nur satt, sie helfen auch, die Pfunde schmelzen zu lassen. Der Grund: Neben hochwertigem Eiweiß liefern die kleinen Hülsenfrüchte komplexe Kohlenhydrate und reichlich Ballaststoffe, die die Verdauung unterstützen und den Blutzuckerspiegel stabil halten. Das bewahrt dich vor Heißhungerattacken und der Lust nach Süßem.

Brokkolisalat
MIT GETROCKNETEN TOMATEN

ZUTATEN für 2 Personen

350 g Brokkoli
1–2 Frühlingszwiebeln
4 getrocknete Tomaten (in Öl)
½ Knoblauchzehe
75 g Cocktailtomaten
2–3 Stiele Petersilie
Salz und Pfeffer
½ TL Chilipulver
2 EL Olivenöl
2 EL Aceto balsamico
50 g Feta (Schafskäse)

ZEITAUFWAND
Plane für die Zubereitung ca. 15 Minuten ein.

NÄHRWERTE
Pro Portion ca. 280 kcal, 12 g EW, 18 g F, 13 g KH

SCHWIERIGKEITSGRAD
Leicht

SO GEHT'S

- Putze den Brokkoli, wasche ihn und teile ihn in Röschen. Anschließend die Röschen über Wasserdampf etwa 5 Minuten dämpfen (siehe Tipp).
- Währenddessen kannst du die Frühlingszwiebeln putzen, waschen und in dünne Ringe schneiden. Die getrockneten Tomaten abtropfen lassen und in kleine Würfel schneiden. Den Knoblauch schälen und fein würfeln. Die Cocktailtomaten solltest du waschen und halbieren. Gib alles mit dem gegarten Brokkoli in eine Salatschüssel.
- Die Petersilie waschen, trocken tupfen, die Blätter abzupfen und fein hacken. Für die Vinaigrette Salz, Pfeffer, Chilipulver, Öl, Essig und Petersilie mischen. Die Vinaigrette über den Salat geben.
- Zum Servieren den Feta in Würfel schneiden. Den Salat auf Tellern anrichten und mit dem Feta toppen. Veganer können den Feta durch ein paar Nüsse (beispielsweise Pistazien) ersetzen.

TIPP
Brokkoli solltest du nicht in viel Wasser schwimmend garen, weil dann bis zu 90 Prozent der Inhaltsstoffe an den Kochsud verloren gehen. Besser: Die Röschen bei niedriger Temperatur anbraten, in wenig Flüssigkeit gar ziehen lassen oder wie hier über Wasserdampf garen. Diese Zubereitungsarten sind nährstoffschonend.

DEIN *Emotional Eating* BONUS

Wie alle Vertreter der großen Kohlfamilie enthält Brokkoli Senföle. Extraviel des Senföls Sulforaphan steckt in Brokkolisprossen, etwa 30- bis 50-mal mehr als im gedünsteten Gemüse. Verwende die Sprossen also gerne als zusätzliches Topping. 1 kleine Handvoll rohe Brokkolisprossen am Tag hilft gegen Heißhunger, aber auch gegen Arthrosebeschwerden.

Gemüsesalat
MIT LINSEN UND KRÄUTERN

ZUTATEN für 2 Personen

250–300 g gegarte Berglinsen (ca. 100 g rohe Linsen; ersatzweise aus Dose oder Glas)
1 Möhre, 1 kleine Zucchini
1 rote Paprikaschote, 3 Tomaten
je 1 TL gehackte italienische Kräuter (z. B. Oregano, Rosmarin und Thymian)
1 EL Schnittlauchröllchen
½ TL gemahlene Kurkuma
2 EL Weißweinessig
1–2 EL Olivenöl
Salz und Pfeffer

ZEITAUFWAND
Plane für die Zubereitung ca. 15 Minuten ein.

NÄHRWERTE
Pro Portion ca. 550 kcal, 18 g EW, 5 g F, 62 g KH

SCHWIERIGKEITSGRAD
Leicht

SO GEHT'S

- Koche zunächst die Linsen nach Packungsanweisung bissfest, gieße sie in ein Sieb ab und lasse sie gut abtropfen (Tipp: noch kein Salz zum Kochen verwenden).
- Währenddessen kannst du die Möhre putzen, schälen und in dünne Scheiben schneiden. Die Zucchini putzen, waschen und in kleine Würfel schneiden. Die Paprika längs halbieren, entkernen, waschen und ebenfalls klein würfeln. Die Tomaten waschen und klein würfeln, dabei die Stielansätze entfernen.
- Lasse die Linsen nach dem Kochen kurz abkühlen. Mische sie dann mit dem Gemüse in einer Salatschüssel. Nun kannst du nach Belieben mit Kräutern, Schnittlauch, Kurkuma, Weißweinessig, Öl, Salz und Pfeffer würzen. Den Salat einige Minuten ziehen lassen.
- Zum Servieren den Salat nach Belieben mit etwas Aceto balsamico abschmecken und auf Tellern anrichten.

DEIN *Emotional Eating* **BONUS**

Kann man von Hülsenfrüchten zunehmen? Nein, im Gegenteil! Die kleinen Kraftpakete helfen sogar gegen ungebremsten Appetit. Leguminosen – so heißen Hülsenfrüchte botanisch – enthalten nämlich reichlich Pflanzenprotein und Ballaststoffe. Damit sättigen sie so nachhaltig, dass man selbst am nächsten Tag noch weniger isst als sonst.

Selleriesalat
MIT PAPRIKA UND ORANGEN

ZUTATEN für 2 Personen

2 kleine Stangen Staudensellerie
je ½ grüne und rote Paprikaschote
1 rote Zwiebel
2 Bio-Orangen
1 EL saure Sahne
2–3 EL Olivenöl
½ TL Currypulver
Salz und Pfeffer
2 EL Pinienkerne

ZEITAUFWAND
Plane für die Zubereitung ca. 25 Minuten ein.

NÄHRWERTE
Pro Portion ca. 260 kcal, 5 g EW, 20 g F, 13 g KH

SCHWIERIGKEITSGRAD
Leicht

SO GEHT'S

- Zuerst putzt du die Selleriestangen, wäschst sie und schneidest sie in dünne Scheiben. Dabei das Selleriegrün zum Garnieren beiseitelegen. Die Paprika entkernen, waschen und in etwa 5 mm dünne Streifen schneiden. Dann kannst du die Zwiebel schälen, halbieren und in Halbringe schneiden.

- Wasche 1 Orange heiß, trockne sie ab und schneide einige Streifen von der Schale ab. Dann die Orange halbieren und auspressen. Mische den Orangensaft mit der sauren Sahne, dem Öl und Currypulver und schmecke das Dressing mit Salz und Pfeffer ab.

- Dann schälst du die zweite Orange und schneidest sie in Stücke. Diese mischst du mit Sellerie, Paprika und Zwiebel in einer Salatschüssel und gibst das Dressing dazu.

- Zuletzt kannst du das Selleriegrün noch grob hacken und mit den Pinienkernen und den dünnen Orangenschalenstreifen über den Salat geben. Zum Servieren den Salat auf Tellern anrichten.

TIPP
Zwiebeln bringen Geschmack ins Essen und wirken zugleich wie ein Rohrputzer für die Gefäße. Sie verdünnen außerdem das Blut und helfen, den Blutzuckerspiegel in Balance zu halten. Übrigens: Rote Zwiebeln sind noch gesünder als ihre weißen Verwandten, denn in ihnen stecken doppelt so viele Antioxidantien.

DEIN *Emotional Eating* BONUS

Sellerie ist nicht nur gesund, sondern auch dein idealer Abnehmhelfer. Seine Ballaststoffe kurbeln nämlich unsere Verdauung ordentlich an und sorgen für ein lang anhaltendes Sättigungsgefühl. Außerdem beugen sie Heißhungerattacken vor, kümmern sich um einen gleichmäßigen Blutzuckerspiegel und schützen damit auch vor Krankheiten wie Diabetes.

ROTKOHLSALAT MIT FEIGEN UND PHYSALIS

SPINATSALAT MIT KÜRBIS UND GRANATAPFEL

Rotkohlsalat
MIT FEIGEN UND PHYSALIS

ZUTATEN für 2 Personen

½ Rotkohl (ca. 500 g)
Salz, 2 kleine Möhren
1 Zwiebel
1 Knoblauchzehe
2–3 Stiele Petersilie
75 ml Gemüsebrühe
3 EL Aceto balsamico
3 EL Rapsöl
Pfeffer
2 Feigen
150 g Feta (Schafskäse)
4 Physalis

ZEITAUFWAND
Plane für die Zubereitung ca. 25 Minuten ein.

NÄHRWERTE
Pro Portion ca. 505 kcal, 17 g EW, 35 g F, 26 g KH

SCHWIERIGKEITSGRAD
Leicht

SO GEHT'S

- Den Rotkohl kannst du putzen, nochmals halbieren und den harten Strunk entfernen. Hobel die Viertel auf der Gemüsereibe in sehr feine Streifen. Die Streifen solltest du dann mit 1 TL Salz in einer Schüssel gut mischen und etwa 10 Minuten ziehen lassen.
- Inzwischen die Möhren putzen, schälen und ebenfalls in feine Streifen schneiden oder auf der Gemüsereibe fein hobeln. Zwiebel und Knoblauch schälen und fein würfeln. Die Petersilie waschen und trocken tupfen, die Blätter abzupfen und fein hacken.
- Für die Vinaigrette die Brühe mit Essig und Öl gut verrühren und mit Salz und Pfeffer abschmecken. Dann gibst du Möhren, Zwiebel, Knoblauch und Petersilie zum Rotkohl in die Schüssel und mischst alles mit der Vinaigrette.
- Die Feigen putzen, waschen und achteln. Den Feta klein würfeln. Die Physalis waschen. Zum Servieren den Rotkohlsalat auf Tellern anrichten und mit Feigen, Physalis und Feta garnieren.

TIPP
Zu diesem Low-Carb-Salat passen zusätzlich noch geröstete Pinienkerne. Wer sich vegan ernähren will, kann den Feta einfach durch Nüsse wie Pistazien- oder Pinienkerne ersetzen.

DEIN *Emotional Eating* **BONUS**

Frische Feigen sind ein echtes Superfood und waren schon in der Antike beliebt. Die blaugrünen Früchte zählen zwar nicht zu den kalorienärmsten Obstsorten, sind aber trotzdem zum Abnehmen geeignet: Sie enthalten fast kein Fett, dafür sehr viel Wasser, sättigende Faserstoffe und verdauungsfördernde Enzyme. Achtung: Das gilt nicht für getrocknete Feigen!

Spinatsalat MIT KÜRBIS UND GRANATAPFEL

ZUTATEN für 2 Personen

250 g Kürbis (z. B. Hokkaido)
4–5 EL Olivenöl
1 EL Agavendicksaft
3 Gewürzgurken
3 Tomaten
50 g junger Spinat
2 EL Aceto balsamico
Salz und Pfeffer
2–3 EL Granatapfelkerne

ZEITAUFWAND
Plane für die Zubereitung ca. 15 Minuten sowie zum Backen ca. 20 Minuten ein.

NÄHRWERTE
Pro Portion ca. 325 kcal, 4 g EW, 23 g F, 22 g KH

SCHWIERIGKEITSGRAD
Leicht

SO GEHT'S

- Heize den Backofen auf 200 °C (Umluft) vor. Belege ein Backblech mit Backpapier. Dann wasche den Kürbis, entferne die Kerne mit einem Löffel und schneide das Fruchtfleisch in etwa 2 cm große Würfel. Mische den Kürbis in einer Schüssel mit 3 EL Öl und dem Agavendicksaft und verteile ihn auf dem Blech. Backe den Kürbis im Ofen auf der mittleren Schiene etwa 20 Minuten.

- In der Zwischenzeit die Gewürzgurken abtropfen lassen und in kleine Würfel schneiden. Die Tomaten waschen und ebenfalls klein würfeln, dabei die Stielansätze entfernen. Den Spinat verlesen, waschen und trocken schleudern, dabei die groben Stiele entfernen. Alles in eine Salatschüssel geben.

- Für die Vinaigrette Essig, übriges Öl, Salz und Pfeffer verrühren und zum Salat geben. Zum Servieren den Salat auf Tellern anrichten, den Kürbis aus dem Ofen nehmen und den Salat damit toppen. Zuletzt die Granatapfelkerne über den Salat streuen.

TIPP
In einigen Supermärkten gibt es bereits gewürfeltes Kürbisfleisch zu kaufen. Eine gute Idee, um Zeit und Aufwand zu sparen! Falls du eine andere Kürbissorte verwendest, musst du die schälen, denn nur der Hokkaido kann mit Schale verzehrt werden.

DEIN *Emotional Eating* BONUS

Der Kürbis, der orangefarbene Wonneproppen, punktet mit einem hohen Wasseranteil und ist daher sehr kalorienarm. Trotzdem sättigt er gut. Seine Ballaststoffe unterstützen die Verdauung und helfen beim Abnehmen. Außerdem leiten sie Giftstoffe aus und gleichen den Blutzuckerspiegel aus. Das schützt dich vor Heißhungerattacken.

Linsensalat
MIT ZIEGENKÄSE IM SPECKMANTEL

ZUTATEN für 2 Personen

100 g Linsen (z. B. braune Linsen)
4 Scheiben Bacon
4 Scheiben Ziegenkäserolle (ca. 1 ½ cm breit)
1 TL gehackter Rosmarin
4 EL Olivenöl
½ Bund Schnittlauch
1 Tomate, ½ Bund Rucola
2–3 grüne Oliven (ohne Stein)
1–2 EL Weißweinessig
½ TL mittelscharfer Senf
½ EL flüssiger Honig
Salz und Pfeffer

ZEITAUFWAND
Plane für die Zubereitung ca. 30 Minuten ein.

NÄHRWERTE
Pro Portion ca. 610 kcal, 23 g EW, 42 g F, 26 g KH

SCHWIERIGKEITSGRAD
Leicht

SO GEHT'S

- Zuerst garst du die Linsen nach Packungsanweisung bissfest. Danach gießt du sie in ein Sieb ab, lässt sie gut abtropfen und stellst sie kühl.
- Parallel die Bacon-Scheiben auslegen und in jeder Scheibe eine Ziegenkäsescheibe einschlagen, dabei mit etwas Rosmarin bestreuen. Den Ziegenkäse in einer Pfanne in 2 bis 3 EL Öl auf jeder Seite vorsichtig anbraten.
- Dann wäschst du den Schnittlauch, tupfst ihn trocken und schneidest ihn in feine Röllchen. Die Tomate waschen und klein würfeln, dabei den Stielansatz entfernen. Rucola verlesen, waschen und trocken tupfen, dabei die groben Stiele entfernen. Die Oliven in feine Ringe schneiden.
- Für die Vinaigrette das übrige Öl, Essig, Senf, Honig, Salz und Pfeffer mit den Linsen in einer Salatschüssel mischen. Dann Schnittlauch, Tomaten und Rucola gut unterheben. Zum Servieren den Salat auf Tellern anrichten, Ziegenkäse und Oliven daraufsetzen.

TIPP
Wenn du magst, kannst du noch etwas Balsamico-Creme über Salat und Ziegenkäse geben. Das sieht nicht nur schön aus, sondern verleiht dem Salat noch eine würzige Extranote.

DEIN *Emotional Eating* BONUS

Zugegeben: Ziegenkäse enthält nicht gerade wenig Fett, aber es ist zumindest leicht verdaulich und gesund, weil es vor allem aus ungesättigten Fettsäuren besteht. Da Ziegenkäse viel Eiweiß enthält, ist er perfekt für alle, die Sport treiben. Und mit seinem günstigen Mineralstoff-Mix aus Kalzium und Phosphor hilft er, die Knochen zu stärken, und kann so Osteoporose vorbeugen.

Avocadosalat
MIT RUCOLA UND LACHS

ZUTATEN für 2 Personen

2 Orangen
2 EL Olivenöl
1 TL Chilisauce
Salz und Pfeffer
2 Lachsfilets (à ca. 125 g)
1 Frühlingszwiebel
150 g Rucola
1 Avocado
250 g Cocktailtomaten
1 EL flüssiger Honig
1 EL Weißweinessig

ZEITAUFWAND
Plane für die Zubereitung ca. 35 Minuten ein.

NÄHRWERTE
Pro Portion ca. 445 kcal, 29 g EW, 25 g F, 23 g KH

SCHWIERIGKEITSGRAD
Leicht

SO GEHT'S

- Zuerst halbierst du die Orangen und presst sie aus. Die Hälfte des Orangensafts mischst du mit 1 EL Öl und der Chilisauce und schmeckst die Marinade mit Salz und Pfeffer ab. Den Fisch waschen, trocken tupfen und in die Marinade geben. Die Frühlingszwiebel putzen, waschen und in dünne Ringe schneiden.

- Den Rucola verlesen, waschen und trocken tupfen. Die Avocado halbieren und den Kern entfernen, das Fruchtfleisch mit einem Löffel aus den Schalen lösen und in Stücke schneiden. Dann kannst du die Tomaten waschen und halbieren.

- Das restliche Öl erhitzt du in einer Pfanne nd brätst die Lachsfilets darin auf jeder Seite etwa 2 Minuten. Danach nimmst du sie aus der Pfanne und stellst sie warm. Die Frühlingszwiebelringe im Bratensatz anbraten und mit dem restlichen Orangensaft, Honig und Essig ablöschen. Mit Salz und Pfeffer abschmecken.

- Rucola, Avocado und Tomaten in einer Salatschüssel mischen und das lauwarme Dressing unterheben. Den Salat auf Tellern verteilen und je ein Lachsfilet daraufgeben.

TIPP
Wenn du eine Avocado mal nicht ganz verwendest, solltest du sie am besten nicht längs, sondern quer aufschneiden – dann ist die Oberfläche kleiner. Außerdem bleibt der Kern in der Frucht, der ebenfalls verhindert, dass sich das Avocadofleisch bräunlich verfärbt. Die angeschnittene Frucht pinselst du am besten mit Limetten- oder Zitronensaft ein und bewahrst sie im Kühlschrank auf.

DEIN *Emotional Eating* BONUS

Was viele nicht wissen: In Lachs steckt eine dicke Portion Vitamin D. Das fettlösliche Vitamin benötigt unser Körper vor allem für starke Knochen und Zähne. Da es sich auf natürliche Weise nur durch ausreichende Sonnenbestrahlung bildet, raten Experten dazu, einem Mangel auch durch den regelmäßigen Genuss von fettreichem Fisch wie Lachs vorzubeugen.

Zitronen-Taboulé
MIT EDAMAME

ZUTATEN für 2 Personen

1 rote Zwiebel
1 Knoblauchzehe
½ Bio-Zitrone
125 ml vegane Gemüsebrühe
1 EL Olivenöl
150 g Couscous
2 EL Pinienkerne
35 g geröstete Edamame (ersatzweise aus der Dose)
je 2–3 Stiele Koriandergrün, Minze und Petersilie
Salz und Pfeffer

ZEITAUFWAND
Plane für die Zubereitung ca. 20 Minuten ein.

NÄHRWERTE
Pro Portion ca. 460 kcal, 19 g EW, 15 g F, 59 g KH

SCHWIERIGKEITSGRAD
Leicht

SO GEHT'S

- Zwiebel und Knoblauch schälst du und schneidest sie in feine Würfel. Die Zitrone wäschst du heiß, trocknest sie ab und reibst die Schale fein ab. Dann presst du die Zitronenhälfte aus.
- Die Brühe mit Öl, Zwiebel und Knoblauch in einem Topf kurz aufkochen. Gib den Couscous und die Zitronenschale in eine große Rührschüssel, gieße die heiße Brühe darüber und lasse alles etwa 5 Minuten quellen. Die Pinienkerne in einer Pfanne ohne Fett hell rösten, herausnehmen und abkühlen lassen.
- Inzwischen kannst du die Edamame bereitstellen. Die Kräuter waschen, trocken tupfen, die Blätter abzupfen und in feine Streifen schneiden. Nach dem Quellen den Couscous mit einer Gabel auflockern und Zitronensaft, Kräuter und Edamame unterrühren. Alles mit Salz und Pfeffer abschmecken und auf Tellern anrichten.

TIPP
Wenn du dazu noch einen Eiweißbooster möchtest, kannst du zu dem Taboulé gebratenes Hähnchenfilet oder Rindersteak essen – oder als Veggie-Fan Tofu oder Seitan.

DEIN *Emotional Eating* BONUS

Edamame sind noch unreife grüne Sojabohnen. Dank ihres hohen Eiweiß- und Ballaststoffgehalts machen die grünen Hülsenfrüchte supersatt und damit glücklicherweise nicht dick. Noch ein Plus: Edamame enthalten die gesunden Omega-6- und Omega-3-Fettsäuren in einem optimalen Verhältnis von 5:1 – du kannst sie also ruhig öfter essen!

Plant-based SATTMACHER

Pflanzliche Sattmacher? Ja, genau! Diese Gerichte maximieren nicht nur die Nährstoffaufnahme – sie sorgen auch dafür, dass du auf gesunde Weise rundum satt wirst. Sie verhindern Heißhungerattacken und sind perfekt, wenn du dich gerne vegan oder vegetarisch ernähren möchtest. Das Motto: Power aus Pflanzen für ein positives Emotional Eating!

Erbsen-Frittata
MIT FRÜHLINGSZWIEBELN

ZUTATEN für 2 Personen

1 Frühlingszwiebel
½ Bund Schnittlauch
1 Bio-Zitrone
4 Eier (Größe M)
25 g Sojasahne
1–2 EL Olivenöl (zum Braten)
150 g tiefgekühlte Erbsen
Salz und Pfeffer

ZEITAUFWAND
Plane für die Zubereitung ca. 15 Minuten sowie zum Backen ca. 15 Minuten ein.

NÄHRWERTE
Pro Portion ca. 315 kcal, 19 g EW, 20 g F, 13 g KH

SCHWIERIGKEITSGRAD
Leicht

SO GEHT'S

- Den Backofen auf 180 °C vorheizen. Die Frühlingszwiebel musst du putzen, waschen und in dünne Ringe schneiden. Den Schnittlauch wäschst du, tupfst ihn trocken und schneidest ihn in feine Röllchen. Die Zitrone heiß waschen, abtrocknen und etwas Schale fein abreiben.
- Dann kannst du die Eier mit Sojasahne und Schnittlauch verquirlen. Das Öl in einer großen ofenfesten Pfanne erhitzen und die Frühlingszwiebel darin anbraten. Du gibst die Erbsen noch tiefgekühlt und die Zitronenschale dazu und lässt beides kurz mitdünsten. Mit Salz und Pfeffer abschmecken. Gib die verquirlten Eier darüber und lasse alles 5 bis 8 Minuten stocken.
- Dann stellst du die Pfanne vorsichtig in den vorgeheizten Ofen auf die mittlere Schiene und lässt die Frittata darin noch etwa 15 Minuten stocken, bis sie goldbraun gebacken ist. Die Pfanne vorsichtig herausnehmen und die Frittata aus der Pfanne stürzen.
- Zum Servieren die Frittata in Stücke schneiden und auf Tellern anrichten. Nach Belieben mit 1 Handvoll Sprossen (z. B. von Erbsen) bestreuen. Übrigens: Die Frittata schmeckt auch kalt superlecker. Zur Abwechslung oder wenn du Erbsen nicht magst, kannst du die Frittata auch mit Zucchini- oder Pilzscheiben zubereiten.

DEIN *Emotional Eating* BONUS

Erbsen enthalten Vitamin B3, auch Niacin genannt. Dieses Vitamin unterstützt den Körper bei der Reparatur der Zellen und hilft auch den Nerven, sich zu regenerieren. Niacin steigert die Produktion verschiedener Botenstoffe, die dafür sorgen, dass wir uns besser konzentrieren können. Sind wir nervlich stabil und gelassener, müssen wir seltener emotional essen.

Grüner Spargel
MIT GNOCCHI UND MOZZARELLA

ZUTATEN für 2 Personen

250 g grüner Spargel
Salz
100 g Cocktailtomaten
1–2 Stiele Petersilie
1 Büffelmozzarella (ersatzweise normaler Mozzarella)
1–2 EL Olivenöl (zum Braten)
200 g glutenfreie Gnocchi (aus dem Kühlregal; am besten in Bio-Qualität)
50 g Sahne
Pfeffer

ZEITAUFWAND
Plane für die Zubereitung ca. 25 Minuten ein.

NÄHRWERTE
Pro Portion ca. 505 kcal, 18 g EW, 30 g F, 40 g KH

SCHWIERIGKEITSGRAD
Leicht

SO GEHT'S

- Zuerst solltest du den Spargel waschen und im unteren Drittel schälen, die holzigen Enden schneidest du am besten ab. Dann schneidest du die Stangen in 2 bis 3 cm lange Stücke. Den Spargel in einem Topf in etwas Salzwasser 2 bis 3 Minuten bissfest garen, in ein Sieb abgießen und abtropfen lassen.

- Parallel die Tomaten waschen und in Stücke schneiden. Die Petersilie waschen, trocken tupfen, die Blätter abzupfen und fein hacken. Den Mozzarella in mundgerechte Stücke schneiden.

- Erhitze das Öl in einer Pfanne und brate die Gnocchi darin an. Gib dann den Spargel, die Tomaten und die Petersilie dazu. Danach kannst du auch den Mozzarella vorsichtig untermengen.

- Zuletzt fügst du die Sahne hinzu und lässt alles noch 1 bis 2 Minuten köcheln, dabei ab und zu umrühren. Die Gnocchi auf Tellern anrichten und mit Salz und Pfeffer abschmecken, nach Belieben mit Petersilie garnieren.

TIPP
Wenn keine Spargelzeit ist, kannst du auf Zucchini umsteigen und einfach 1 bis 2 kleine Zucchini mit den Gnocchi kombinieren. Diese dann aber nicht vorgaren, sondern in dünne Scheiben geschnitten mit in die Pfanne geben.

DEIN *Emotional Eating* **BONUS**

Grüner Spargel ist sensationell gesund! Er enthält praktisch kein Fett und kaum Kalorien, ist also zum Abnehmen oder Halten der schlanken Linie ideal. Mit einem Wasseranteil von über 90 Prozent ist grüner Spargel sehr kalorienarm (ca. 17 kcal pro 100 g). Dank ihres hohen Kaliumgehalts wirken die Stangen stark entwässernd – und mit dem Wasser schwinden auch die Pfunde.

Chili con Tofu
MIT BOHNEN UND MAIS

ZUTATEN für 2 Personen

½ rote Paprikaschote
½ gelbe Paprikaschote
1 rote Zwiebel
1 Knoblauchzehe
100 g Mais (aus Glas oder Dose)
200 g Bohnen-Mix
(aus Glas oder Dose)
2 EL Olivenöl
1 EL Tomatenmark
150 g passierte Tomaten
(aus Glas oder Dose)
200 g Räuchertofu
geräuchertes Chilipulver
Salz und Pfeffer
1 Frühlingszwiebel

ZEITAUFWAND
Plane für die Zubereitung ca. 25 Minuten ein.

NÄHRWERTE
Pro Portion ca. 390 kcal, 24 g EW, 17 g F, 28 g KH

SCHWIERIGKEITSGRAD
Leicht

SO GEHT'S

- Zuerst entfernst du die Paprikakerne, wäschst die Hälften und würfelst sie klein. Dann schälst du Zwiebel und Knoblauch und schneidest sie in feine Würfel. Mais und Bohnen-Mix braust du jeweils separat in einem Sieb ab und lässt beides abtropfen.

- Dann dünstest du Paprika, Zwiebel, Knoblauch und Mais in einem Topf im Öl an. Gib das Tomatenmark hinzu und röste es kurz mit. Anschließend füllst du alles mit 150 ml Wasser und den passierten Tomaten auf. Den Bohnen-Mix hinzufügen und das Chili offen noch 10 bis 15 Minuten köcheln lassen.

- Inzwischen den Tofu fein bröseln oder klein würfeln und nach etwa 15 Minuten Garzeit zum Chili geben. Noch etwa 5 Minuten köcheln lassen und mit Chilipulver, Salz und Pfeffer abschmecken.

- Zum Servieren musst du nur noch die Frühlingszwiebel putzen, waschen und in dünne Ringe schneiden. Dann richtest du das Chili in tiefen Tellern oder Schalen an und garnierst es mit den Frühlingszwiebelringen. Dazu kannst du auch ein Stück Baguette oder Brot reichen – dann ist das Gericht jedoch nicht glutenfrei!

TIPP
Was du vielleicht nicht weißt: Dosentomaten und vor allem auch Tomatenmark sind echte Gesundheitsbooster, weil sie mehr wertvolles Lycopin enthalten als frische Tomaten. Lycopin hat von allen Carotinoiden die stärkste antioxidative Wirkung. Es kämpft im Körper gegen Entzündungen, repariert Zellschäden und kann sogar Krebs vorbeugen.

DEIN *Emotional Eating* BONUS

Hülsenfrüchte wie Linsen, schwarze Bohnen oder Kidneybohnen eignen sich sehr gut zum Abnehmen, denn sie enthalten reichlich Ballaststoffe und haben zugleich einen hohen Eiweißgehalt. Beides sorgt für lang anhaltende Sättigung. Wenn wir satt sind, kann uns so leicht keine Heißhungerattacke überlisten: ein Schritt auf dem Weg zum Abnehmerfolg!

HAFER-KÖFTE MIT TOMATEN-FETA-SALAT

HACKBÄLLCHEN MIT ZUCCHINI UND GNOCCHI

Hafer-Köfte
MIT TOMATEN-FETA-SALAT

ZUTATEN für 2 Personen

2 Zwiebeln
2–3 EL Olivenöl (zum Braten)
125 g zarte Haferflocken
1–2 TL edelsüßes Paprikapulver
½ TL gemahlener Kreuzkümmel
1 TL mittelscharfer Senf
¼ l Gemüsebrühe
1–2 Stiele Petersilie
Salz und Pfeffer
4 Tomaten, 1 Frühlingszwiebel
25 g Feta (Schafskäse)
1–2 EL Olivenöl
1–2 EL Aceto balsamico bianco

ZEITAUFWAND
Plane für die Zubereitung ca. 30 Minuten ein.

NÄHRWERTE
Pro Portion ca. 510 kcal, 13 g EW, 28 g F, 48 g KH

SCHWIERIGKEITSGRAD
Leicht

SO GEHT'S

- Beginne damit, die Zwiebeln zu schälen und fein zu würfeln. Diese kannst du dann in einem kleinen Topf in 2 EL Olivenöl (zum Braten) dünsten. Dann gibst du die Haferflocken dazu und würzt alles mit Paprikapulver, Kreuzkümmel und Senf. Alles mit der Brühe ablöschen und unter Rühren einmal aufkochen, dann vom Herd nehmen und abkühlen lassen.
- Parallel kannst du die Petersilie waschen, trocken tupfen, die Blätter abzupfen und fein hacken. Schmecke die Köfte-Masse noch mit Salz und Pfeffer ab.
- Die Tomaten waschen und achteln, dabei die Stielansätze entfernen. Die Frühlingszwiebel putzen, waschen und in dünne Ringe schneiden. Den Feta kannst du in kleine Würfel schneiden. Für die Vinaigrette das Olivenöl und den Essig mischen. Die Tomaten mit Frühlingszwiebel und Feta auf Tellern anrichten und mit der Vinaigrette beträufeln.
- Aus der Köfte-Masse formst du mit angefeuchteten Händen 4 oder 6 Bratlinge und brätst sie in einer beschichteten Pfanne im übrigen Olivenöl (zum Braten) bei mittlerer Hitze 5 bis 10 Minuten knusprig. Die Köfte auf dem Salat anrichten.

DEIN *Emotional Eating* BONUS

Tomaten sind sehr gut geeignet, um überschüssige Kilos loszuwerden. Die Nachtsschattengewächse bestehen zu fast 90 Prozent aus Wasser und enthalten kaum Fett und Kalorien: 100 Gramm Tomaten kommen nur auf 18 Kalorien. Tomaten sind jedoch reich an sekundären Pflanzenstoffen wie Lycopin (siehe Seite 108) und Betacarotin, der wichtigsten Vorstufe von Vitamin A.

Hackbällchen
MIT ZUCCHINI UND GNOCCHI

ZUTATEN für 4 Personen

200 g feines Sojagranulat
1 rote Zwiebel
1 TL italienische Kräuter
2 EL Paniermehl
Salz und Pfeffer
1 Zucchini
2 EL Olivenöl (zum Braten)
200 g vegane Tomatensauce (aus dem Glas)
250 g vegane Gnocchi (aus dem Kühlregal; am besten in Bio-Qualität)

ZEITAUFWAND
Plane für die Zubereitung ca. 35 Minuten ein.

NÄHRWERTE
Pro Portion ca. 720 kcal, 43 g EW, 16 g F, 92 g KH

SCHWIERIGKEITSGRAD
Leicht

SO GEHT'S

- Zuerst gibst du das Sojagranulat in eine Schüssel und übergießt es mit 700 ml heißem Wasser. Alles etwa 15 Minuten einweichen, dann in ein Sieb abgießen und etwas ausdrücken. Inzwischen schälst du die Zwiebel und schneidest sie in feine Würfel.
- Danach kannst du das Sojagranulat mit Zwiebel, italienischen Kräutern, Paniermehl, Salz und Pfeffer mischen. Falls nötig, gibst du noch etwas Wasser dazu, damit eine kompakte Masse entsteht. Aus der Masse formst du mit angefeuchteten Händen kleine Bällchen. Die Zucchini putzen, waschen, längs halbieren und in Scheiben schneiden.
- Erhitze das Öl in einer Pfanne und brate die Bällchen darin etwa 7 Minuten rundum an. Dann gibst du die Zucchini dazu, lässt sie kurz anbraten und würzt alles mit Salz und Pfeffer.
- Währenddessen die Tomatensauce einfach in einem kleinen Topf erwärmen. Die Gnocchi nach Packungsanweisung in Salzwasser bissfest garen, in ein Sieb abgießen und abtropfen lassen.
- Zum Servieren alles nochmals abschmecken. Die Hackbällchen mit Zucchini und Gnocchi auf Tellern anrichten und die Pastasauce darübergeben.

Egal ob im Drink, als Hackfleischersatz oder im Tofu: Soja ist wichtig, wenn du auf gesunde Weise satt werden willst. Von allen Hülsenfrüchten weisen Sojabohnen und Süßlupinen nämlich den höchsten Eiweißanteil auf, wobei Soja auch qualitativ wertvolles Eiweiß liefert. Und: Sojabohnen enthalten Pflanzenhormone, die Wechseljahresbeschwerden abschwächen können.

DEIN *Emotional Eating* BONUS

Gemüsestrudel
MIT FENCHEL UND KRÄUTERN

ZUTATEN für 4 Personen

1 Rolle Blätterteig
(ca. 275 g; aus dem Kühlregal)
1 rote Zwiebel
1 Knoblauchzehe
½ Fenchelknolle
1 kleine Zucchini
1 große Tomate
10 schwarze Oliven (ohne Stein)
1 rote Paprikaschote
2 EL Olivenöl
Salz und Pfeffer
40 g Paniermehl
je 1 TL gehackte italienische Kräuter (z. B. Basilikum, Oregano und Thymian)
2 Eier (Größe M)
150 g Crème fraîche

ZEITAUFWAND
Plane für die Zubereitung ca. 30 Minuten und zum Backen ca. 35 Minuten ein.

NÄHRWERTE
Pro Portion ca. 555 kcal, 11 g EW, 40 g F, 37 g KH

SCHWIERIGKEITSGRAD
Mittel

SO GEHT'S

- Breite zuerst den Blätterteig auf einem Stück Backpapier aus und lasse ihn Zimmertemperatur annehmen. Parallel kannst du den Backofen auf 200 °C vorheizen und ein Backblech mit Backpapier belegen.
- Dann schälst du Zwiebel und Knoblauch und schneidest sie in feine Würfel. Du schneidest Fenchel, Zucchini, Tomate, Oliven und Paprika klein – vorher bitte alles waschen und putzen. Das Gemüse in einer Pfanne im Öl andünsten und mit Salz und Pfeffer würzen. Zieh anschließend die Pfanne vom Herd und lasse alles etwas abkühlen.
- Inzwischen musst du in einer Schüssel Paniermehl, Kräuter, Eier und Crème fraîche mischen. Gib die Masse zum Gemüse und rühre noch mal alles gut durch. Die Füllung mittig auf dem Blätterteig verteilen, dabei einen etwa 5 cm breiten Rand frei lassen Die freien Teigränder mit Wasser bestreichen und den Strudel von der Längsseite her locker aufrollen.
- Setze den Strudel auf der Naht auf das Blech, drücke die Ränder ein und ritze den Strudel oben mehrmals vorsichtig ein. Nach Belieben noch 1 Ei mit 1 EL Wasser verquirlen und den Strudel damit bestreichen. Dann den Strudel im Ofen auf der mittleren Schiene etwa 35 Minuten backen. Herausnehmen und vor dem Servieren kurz abkühlen lassen.

TIPP
Bei der Füllung sind deiner Fantasie keine Grenzen gesetzt. Hier kannst du alles an Gemüse verwenden, was dir gut schmeckt. Wenn du keinen Fenchel magst, nimm Pilze oder auch ein paar Würfel Fetakäse.

DEIN *Emotional Eating* BONUS

Grüne Knolle mit Wunderwirkung: Die hochwirksamen ätherischen Öle Anethol, Fenchon und Menthol, die reichlich im Fenchel enthalten sind, wirken bei allen Magen- und Darmbeschwerden beruhigend. Sie können zum Beispiel Übelkeit, Schmerzen und Krämpfe sowie Blähungen lindern und die Verdauung fördern. Ein Gemüse also, das rundum guttut!

Spaghetti MIT LINSEN UND FETA

ZUTATEN für 2 Personen

75 g Berglinsen
160 g Vollkornspaghetti
25 g Kürbiskerne
1 kleine rote Zwiebel
1 Knoblauchzehe
125 g Cocktailtomaten, 1 Möhre
2 EL Olivenöl (zum Braten)
1–2 TL Tomatenmark
je 1 TL getr. Oregano und Rosmarin
100 ml Gemüsebrühe
2 EL Aceto balsamico
Salz, Chilipulver
125 g Feta (Schafskäse)

ZEITAUFWAND
Plane für die Zubereitung ca. 25 Minuten ein.

NÄHRWERTE P
Pro Portion ca. 800 kcal, 36 g EW, 35 g F, 75 g KH

SCHWIERIGKEITSGRAD
Leicht

SO GEHT'S

- Die Linsen kannst du einfach nach Packungsanweisung bissfest garen. Ebenso die Spaghetti wie gewohnt kochen. Beides gießt du anschließend in ein Sieb ab und lässt es abtropfen.
- Inzwischen röstest du die Kürbiskerne in einer Pfanne ohne Fett kurz an, nimmst sie heraus und lässt sie abkühlen. Zwiebel und Knoblauch schälst du und würfelst sie fein. Die Tomaten kannst du waschen und halbieren. Die Möhre schälst du und schneidest sie in kleine Würfel.
- Dann erhitzt du das Öl in einer Pfanne und dünstest Zwiebel und Knoblauch darin an. Du gibst Tomaten, Möhre, Tomatenmark, Oregano und Rosmarin dazu und lässt alles unter Rühren 1 bis 2 Minuten garen.
- Nun gießt du Brühe und Essig dazu und schmeckst den Sugo mit Salz und 1 Prise Chilipulver ab. Lass alles offen noch etwa 10 Minuten köcheln. Inzwischen kannst du den Feta zerbröseln. Gib die Linsen zur Sauce und schmecke alles noch mal mit Essig ab.
- Zuletzt mischst du die Spaghetti und die Hälfte des Fetas locker mit der Sauce und richtest die Pasta auf Tellern an. Bestreue alles mit den Kürbiskernen und dem restlichen Feta. Wer will, garniert die Pasta noch mit frischen Basilikumblättern.

DEIN Emotional Eating BONUS

Du zahlst viel auf deine Gesundheit ein, wenn du dich für dieses Nudelgericht anstatt für Fast Food entscheidest. Allein die Kürbiskerne haben es in sich: Sie versorgen dich mit gesunden Fetten, wirken antientzündlich und liefern zudem reichlich Magnesium – super für deine Nerven, Muskeln und Knochen. Außerdem sättigt Pasta in der Vollkornvariante immer besonders gut.

Quickies FÜR JEDE TAGESZEIT

Egal ob als To-go-Gericht für den Lunch oder abends zum Stillen des akuten Heißhungers: Mit diesen schnellen Rezepten wirst du erst mal satt – und zwar auf gesunde Weise mit Ballaststoffen und hochwertigem Eiweiß!

WRAP MIT PUTE UND SALAT

Für 2 Personen: 200 g Putengeschnetzeltes in einer Pfanne in 1 EL Rapsöl etwa 5 Minuten anbraten, mit Salz, Pfeffer und edelsüßem Paprikapulver würzen. 1 rote Paprikaschote längs halbieren, entkernen, waschen und klein würfeln. ½ Salatgurke waschen und in dünne Scheiben schneiden. 25 g schwarze Oliven (ohne Stein) und 50 g Feta (Schafskäse) würfeln. 4 Salatblätter waschen und trocken tupfen. Für das Dressing ½ fein gewürfelte Knoblauchzehe, 3 EL gehackte Petersilie, Salz und Pfeffer mit 125 g griech. Joghurt (10 % Fett) mischen. 2 Pita-Brote oder Vollkorn-Wraps toasten und dann mit Salat, Fleisch, Gemüse und Feta füllen, mit dem Dressing beträufeln (und die Fladen noch kompakt aufrollen, siehe Foto). Statt Fleisch kannst du auch Falafel-Bällchen oder Tofu verwenden, statt Feta einfach Nüsse.

ZEITAUFWAND
Plane für die Zubereitung ca. 25 Minuten ein.

NÄHRWERTE
Pro Portion ca. 460 kcal,
35 g EW, 21 g F, 35 g KH

SCHWIERIGKEITSGRAD
Leicht

DEIN *Emotional Eating* BONUS

Dank seines hohen Proteingehalts hält uns ein Joghurt lange satt. Studien haben gezeigt, dass eine eiweißreiche Ernährung den Stoffwechsel ankurbelt. Der Körper verbrennt effizienter Kalorien und du kannst Gewicht verlieren. Gleichzeitig sind Proteine nach einem Krafttraining der ideale Nährstoff, um unsere Muskeln zu regenerieren und aufzubauen.

AVOCADO MIT PARMASCHINKEN

Für 2 Personen: Zuerst solltest du 1 rote Zwiebel schälen und in feine Würfel schneiden. Dann mischst du sie mit 1 bis 2 EL Weißweinessig, 2 bis 3 EL Olivenöl sowie Salz und Pfeffer zu einer Vinaigrette. 2 Avocados müssen halbiert, der Kern entfernt und das Fruchtfleisch aus den Schalen gelöst werden. Dann schneidest du die Avocadohälften in Scheiben, richtest sie auf Tellern an und gibst die Vinaigrette darüber. Salzen und pfeffern, etwa 5 Minuten ziehen lassen. Zum Servieren 100 g Parmaschinken (in dünnen Scheiben) darauf verteilen und mit je 1 Scheibe Schwarzbrot servieren. Wenn du keinen Schinken magst, empfehle ich dir Falafel.

ZEITAUFWAND
Plane für die Zubereitung ca. 10 Minuten ein.

NÄHRWERTE
Pro Portion ca. 635 kcal, 20 g EW, 48 g F, 28 g KH

SCHWIERIGKEITSGRAD
Leicht

STULLEN MIT HÜTTENKÄSE

Für 1 Person: 2 Vollkorn-Knäckebrote auf Teller setzen und mit 50 g Hüttenkäse (körnigem Frischkäse) bestreichen. 50 g Salatgurke und 2 Radieschen putzen, waschen und in dünne Streifen schneiden, beides auf den Broten verteilen. Von einem ½ Beet Kresse die Blättchen abschneiden, waschen und trocken tupfen. Die Stullen mit Kresse garnieren und mit Salz und Pfeffer bestreuen. Großer Hunger? Dann noch ein paar Scheiben Lachs aufs Brot geben.

ZEITAUFWAND
Plane für die Zubereitung ca. 5 Minuten ein.

NÄHRWERTE
Pro Portion ca. 130 kcal, 8 g EW, 2 g F, 16 g KH

SCHWIERIGKEITSGRAD
Leicht

Low-Carb-Pizza
MIT BLUMENKOHLBODEN

ZUTATEN für 2 Pizzen

½ Blumenkohl (ca. 500 g)
100 g geriebener Käse
(z. B. Emmentaler)
1 Ei (Größe M)
Salz und Pfeffer
½ Zwiebel
½ Knoblauchzehe
1 EL Olivenöl
1 kleine Dose stückige Tomaten
(ca. 200 g)
1 TL getrockneter Oregano
60 g Champignons
25 g Rucola
1–2 Stiele Basilikum

ZEITAUFWAND
Plane für die Zubereitung ca. 35 Minuten sowie zum Backen ca. 30 Minuten ein.

NÄHRWERTE
Pro Pizza ca. 350 kcal,
24 g EW, 23 g F, 9 g KH

SCHWIERIGKEITSGRAD
Leicht

SO GEHT'S

- Heize den Backofen auf 200 °C (Umluft) vor und belege zwei Backbleche mit Backpapier. Teile den Blumenkohl in Röschen. Die Blumenkohlröschen waschen und in der Küchenmaschine so lange häckseln, bis sie etwa Reiskorngröße haben. Mische den Blumenkohl, 50 g Käse und das Ei in einer Schüssel und würze alles mit Salz und Pfeffer. Jeweils die Hälfte der Blumenkohlmasse auf einem Blech zu einem Pizzaboden ausstreichen. Nacheinander im Ofen auf der mittleren Schiene etwa 15 Minuten vorbacken. Herausnehmen und beiseitestellen.

- Parallel kannst du Zwiebel und Knoblauch schälen, fein würfeln und in einer Pfanne im Öl etwa 4 Minuten anbraten. Gib die Tomatenstücke dazu und lasse sie etwa 5 Minuten köcheln. Mit Salz, Pfeffer und Oregano kräftig abschmecken. Die Champignons putzen, falls nötig, trocken abreiben und in Scheiben schneiden.

- Die vorgebackenen Böden aus dem Ofen nehmen, mit der Tomatensauce bestreichen und mit dem restlichen Käse bestreuen. Dann mit Champignons belegen und die Pizzen nacheinander im Ofen noch etwa 15 Minuten backen.

- Währenddessen Rucola und Basilikum waschen und trocken tupfen. Die Pizzen aus dem Ofen nehmen und zum Servieren mit Rucola und Basilikum belegen.

TIPP
Den Belag der glutenfreien Low-Carb-Pizza kannst du nach Lust und Laune varrieren! Wie wäre es mal mit Zucchini, Brokkoli, Mais oder auch Möhren on top? Lebe die bunte Vielfalt aus! Wenn du keinen Mozzarella möchtest, nimm veganen Käseersatz oder backe die Pizza „bianca" – also ohne Käse.

DEIN *Emotional Eating* BONUS

Wer liebt nicht Pizza? Gerade beim emotionalen Essen darf es gerne mal eine Pizza sein. Das Gute an dieser Variante: Du musst kein schlechtes Gewissen haben, denn mit der Blumenkohlpizza bekommst du viel Genuss bei wenigen Kalorien. Lass es dir schmecken! Und wichtig: Das Auge isst mit. Belege die Pizza also mit vielen bunten Lieblingszutaten.

Linsencurry MIT MÖHREN UND SPINAT

ZUTATEN für 2 Personen

1 rote Zwiebel
1 Knoblauchzehe
1 haselnussgroßes Stück Ingwer
2 Möhren
1–2 EL Rapsöl
½ EL Currypaste (rot oder grün)
150 g Linsen (z. B. Beluga)
1 kleine Dose stückige Tomaten (ca. 200 g)
½ Dose Kokosmilch (ca. 125 g)
400 ml vegane Gemüsebrühe
1 kleine Süßkartoffel
80 g junger Spinat
2–3 Stiele Koriandergrün
1 Zitrone
Salz

ZEITAUFWAND
Plane für die Zubereitung ca. 40 Minuten ein.

NÄHRWERTE
Pro Portion ca. 615 kcal, 24 g EW, 24 g F, 66 g KH

SCHWIERIGKEITSGRAD
Leicht

SO GEHT'S

- Zuerst solltest du Zwiebel, Knoblauch und Ingwer schälen und fein würfeln. Dann putzt du die Möhren, schälst sie und schneidest sie in Scheiben. Dann erhitzt du das Öl in einem Topf und brätst Zwiebel, Knoblauch, Ingwer und Möhren darin 1 bis 2 Minuten an.

- Die Currypaste hinzufügen und etwas erhitzen. Die Linsen in einem Sieb abbrausen und dazugeben. Dann alles mit stückigen Tomaten, Kokosmilch und 200 ml Brühe ablöschen und einmal aufkochen. Damit die Linsen durchgaren, braucht es mit geschlossenem Deckel bei mittlerer Hitze 20 bis 25 Minuten. Dabei solltest du ab und zu umrühren.

- Inzwischen die Süßkartoffel schälen, würfeln und nach etwa 10 Minuten Garzeit zu den Linsen geben. Den Spinat verlesen, waschen und trocken tupfen, etwa 10 Minuten vor Ende der Garzeit hinzufügen. Nach und nach die übrige Brühe dazugießen, damit Möhren und Süßkartoffel gut durchgaren.

- Vor dem Servieren wäschst du das Koriandergrün, tupfst es trocken und hackst es samt Stielen grob. Die Zitrone halbieren und auspressen. Das Curry mit etwas Salz und Zitronensaft würzen, auf tiefe Teller verteilen und mit Koriander bestreuen.

TIPP
Falls du keine Möhren magst, kannst du stattdessen auch Paprikaschoten in verschiedenen Farben verwenden. In das vegane Curry passt auch super ein wenig Brokkoli.

DEIN *Emotional Eating* BONUS

Gerade im Stress? Dann ist dieses Curry genau richtig: Die ätherischen Öle zum Beispiel aus Zimt, Koriander oder Kardamom, die in der Currypaste stecken, wirken entspannend auf unsere Nerven. Müde oder lustlos? Auch dann hilft die Paste: Ihre Schärfe löst einen leichten Schmerz aus, den der Körper mit Endorphinen besänftigt: Wir spüren Glücksgefühle!

Rote-Bete-Risotto
MIT BIRNEN UND WALNÜSSEN

ZUTATEN für 2 Personen

½ Zwiebel
150 g Rote Bete
(vorgegart und vakuumiert)
2–3 EL Olivenöl (zum Braten)
150 g Risottoreis
Salz
½ l Gemüsebrühe
75 ml Rote-Bete-Saft
50 g Sahne
Pfeffer
25 g Pecorino
20 g Walnusskerne
1 kleine Birne

ZEITAUFWAND
Plane für die Zubereitung ca. 35 Minuten ein.

NÄHRWERTE
Pro Portion ca. 725 kcal, 14 g EW, 38 g F, 78 g KH

SCHWIERIGKEITSGRAD
Mittel

SO GEHT'S

- Schäle die Zwiebel und schneide sie in feine Würfel. Schneide die Rote Bete ebenfalls in kleine Würfel (Am besten trägst du dabei Einweghandschuhe, denn Rote Bete färbt stark ab!). Dann erhitzt du 2 EL Öl in einem Topf und dünstest darin den Reis mit der Zwiebel unter Rühren glasig. Salze alles, gieße ¼ l Brühe dazu und lass alles offen garen, rühre dabei ab und zu um.

- Sobald die Flüssigkeit vollständig eingekocht ist, gibst du nach und nach die restliche Brühe dazu und lässt sie weiter einkochen. Insgesamt braucht das Risotto 15 bis 20 Minuten. Gegen Ende der Garzeit gibst du die Rote-Bete-Würfel, den Rote-Bete-Saft und die Sahne dazu und rührst alles gut unter. Zuletzt schmeckst du das Risotto mit Salz und Pfeffer ab.

- Inzwischen reibst du den Pecorino fein und gibst etwa die Hälfte ins Risotto. Die Nüsse hackst du. Die Birne kannst du waschen, vierteln, entkernen und in Streifen schneiden. Brate Nüsse und Birne in einer Pfanne im restlichen Öl kurz an.

- Zum Servieren richtest du das Risotto auf Tellern an, garnierst es mit den Birnen und Nüssen und streust den übrigen Käse darüber

DEIN *Emotional Eating* BONUS

Risottoreis ist die perfekte Zutat für gesundes Soulfood. Der glutenfreie Mittelkornreis enthält fast ausschließlich langkettige Kohlenhydrate. Die sorgen dafür, dass dein Blutzuckerspiegel nur langsam ansteigt und du länger satt bleibst. Ein weiteres Plus sind die im Korn enthaltenen Ballaststoffe, die der Verdauung guttun.

Risotto AUS BLUMENKOHL

ZUTATEN für 2 Pizzen

½ Blumenkohl (ca. 500 g)
1 Zwiebel
1 Knoblauchzehe
2–3 EL Olivenöl (zum Braten)
¼ l Gemüsebrühe
50 ml Milch (3,5 % Fett)
1 EL Butter
40 g geriebener Parmesan
Salz und Pfeffer
einige Safranfäden

ZEITAUFWAND
Plane für die Zubereitung ca. 35 Minuten ein.

NÄHRWERTE
Pro Portion ca. 315 kcal, 11 g EW, 26 g F, 7 g KH

SCHWIERIGKEITSGRAD
Leicht

SO GEHT'S

- Zuerst musst du den Blumenkohl in Röschen teilen und waschen. Die Röschen werden dann in der Küchenmaschine so lange gehäckselt, bis sie Reiskorngröße haben (ergibt ca. 350 g). Zwiebel und Knoblauch schälst du und würfelst sie fein.

- Danach erhitzt du Zwiebel und Knoblauch in einem Topf im Öl. Gib den Blumenkohl dazu und brate alles kurz unter Rühren an. Erst gibst du die Brühe dazu und lässt sie offen bei mittlerer Hitze etwa 10 Minuten einkochen.

- Anschließend die Milch dazugießen und alles noch mal etwa 5 Minuten köcheln lassen. Zuletzt fügst du Butter und Parmesan hinzu, schmeckst alles nochmals ab und richtest das Risotto mit etwas Safran in tiefen Tellern an.

TIPP
Heute gibt es geschmacklich hervorragende Käseersatzprodukte. Doch Vorsicht: Nicht alles, was vegan ist, ist auch gesund oder besteht aus natürlichen Zutaten. Häufig sind die Ersatzprodukte stark verarbeitet: Es lohnt sich ein Blick auf die Zutatenliste!

DEIN *Emotional Eating* **BONUS**

Bitte einfach mal satt essen! Denn Blumenkohl enthält kaum Kalorien, dafür viele Ballaststoffe, die dich lange satt halten. Beim emotionalen Essen geht es immer um die Befriedigung von Bedürfnissen – auch der Wunsch nach einer „richtigen Sättigung" kann ein Bedürfnis sein. Beim Blumenkohl-Risotto darfst du diesem Wunsch nachgeben und mal richtig reinhauen.

Kartoffelgratin
MIT LINSEN UND BROKKOLI

ZUTATEN für 2–3 Personen

Öl für die Form
200 g rote Linsen
3 Frühlingszwiebeln
500 g Kartoffeln
100 g Brokkoli
1 ½ EL Olivenöl
2 Knoblauchzehen
150 ml Gemüsebrühe
100 g Sahne
Salz und Pfeffer
1 TL rosenscharfes Paprikapulver
50 g geriebener Käse
(z. B. Bergkäse)

ZEITAUFWAND
Plane für die Zubereitung ca. 25 Minuten und zum Backen ca. 30 Minuten ein.

NÄHRWERTE
Pro Portion (bei 3 Personen)
ca. 625 kcal, 28 g EW, 27 g F, 63 g KH

SCHWIERIGKEITSGRAD
Leicht

SO GEHT'S

- Heize den Backofen auf 180 °C (Umluft) vor. Fette eine Auflaufform (ca. 22 x 28 cm) ein. Die Linsen solltest du in einem Sieb abbrausen und nach Packungsanweisung in 1 ½ l Wasser weich garen. Danach in ein Sieb abgießen und abtropfen lassen.

- Inzwischen die Frühlingszwiebeln putzen, waschen und in dünne Ringe schneiden. Die Kartoffeln schälen und in kleine Würfel schneiden. Den Brokkoli putzen, waschen und in Röschen teilen.

- Erhitze das Öl in einer Pfanne und dünste die Frühlingszwiebeln darin 2 bis 3 Minuten an. Gib die Kartoffeln und den Brokkoli dazu und lasse alles 5 bis 8 Minuten köcheln.

- Den Knoblauch schälen und dazupressen. Alles mit der Brühe ablöschen und nochmals aufkochen, dann beiseitestellen. Die Linsen kannst du dann mit dem Gemüse mischen und mit der Sahne verfeinern. Mit Salz, Pfeffer und Paprikapulver abschmecken.

- Verteile die Masse gleichmäßig in der Auflaufform. Den geriebenen Käse streust du über das Gratin und bäckst es im Ofen auf der mittleren Schiene 25 bis 30 Minuten goldbraun.

- Anschließend herausnehmen und vor dem Servieren kurz abkühlen lassen. Dazu solltest du dir einen leckeren frischen grünen Blattsalat oder meinen Rotkohlsalat von Seite 94 zubereiten.

DEIN *Emotional Eating* BONUS

Bei Kartoffeln gibt es speziell fürs Abnehmen einen Trick. Wenn du Kartoffeln (oder auch Pasta und Reis) garst und abkühlen lässt, bildet sich sogannte resistente Stärke. Diese ist im Gegensatz zu normaler Stärke unverdaulich und passiert den Dünndarm, ohne dass der Körper sie verwertet. Man isst also Kartoffeln, nimmt aber (wie bei Ballaststoffen) die Stärke gar nicht auf.

Mit Fisch
& FLEISCH

Idealerweise setzt sich eine gesunde Ernährung aus 80 Prozent pflanzlichen und 20 Prozent tierischen Produkten zusammen. Vorausgesetzt, die Qualität bei Fisch und Fleisch ist hoch. Hier präsentiere ich dir ein paar raffinierte Ideen, wie du Lachs, Hähnchen und Co. ganz easy auf den Tisch bringen kannst. Dabei findest du bestimmt einen neuen Liebling! Wetten?

Omelett

MIT AVOCADO UND LACHS

ZUTATEN für 2 Personen

4 Eier (Größe M)
Salz und Pfeffer
1 TL Rapsöl
1 Limette
1 Avocado
Pul Biber
1–2 Stiele Koriandergrün
200 g geräucherter Lachs (in dünnen Scheiben)

ZEITAUFWAND
Plane für die Zubereitung ca. 15 Minuten ein.

NÄHRWERTE
Pro Portion ca. 495 kcal, 35 g EW, 36 g F, 6 g KH

SCHWIERIGKEITSGRAD
Leicht

SO GEHT'S

- Schlage erst die Eier in eine kleine Schüssel auf. Verquirle sie mit einer Gabel und gib etwas Salz und Pfeffer dazu. Dann musst du das Öl in einer Pfanne erhitzen. Gib die halbe Eiermasse hinein und schwenke die Pfanne so hin und her, dass das Omelett bis an den Rand zerläuft. Dann ausbacken, herausnehmen und auf einem Teller beiseitestellen. Mit der zweiten Hälfte der Eiermasse genauso verfahren.

- Währenddessen die Limette halbieren und auspressen. Die Avocado halbierst du, entfernst den Kern und löst das Fruchtfleisch aus den Schalen. Das Fruchtfleisch kannst du mit einer Gabel zerdrücken und sofort mit dem Limettensaft mischen, damit sich die Avocado nicht bräunlich verfärbt. Mit 1 Prise Pul Biber würzen.

- Das Koriandergrün waschen, trocken tupfen und die Blätter abzupfen. Einige zum Garnieren beiseitelegen, den Rest fein hacken und unter den Avocado-Mix mischen.

- Zum Servieren die Omeletts auf Teller setzen, mit der Avocadocreme bestreichen und den Räucherlachs darauflegen. Mit dem beiseitegelegten Koriandergrün garnieren. Nach Belieben noch etwas Pfeffer oder geriebenen Parmesan daraufstreuen, dann bekommt das Ganze einen lecker-leichten Käsegeschmack.

Eier enthalten reichlich hochwertiges Protein, in dem alle acht essenziellen Aminosäuren vorkommen. Eiweiß hält dich lange satt, hält deinen Blutzucker- und Insulinspiegel stabil und schützt dich vor unkontrollierten Heißhungerattacken. Ein Omelett lässt auch nicht so schnell Lust auf Süßkram aufkommen. Nicht zu vergessen: Eiweiß ist auch für den Muskelaufbau unentbehrlich.

DEIN *Emotional Eating* **BONUS**

Ofenlachs
MIT TOMATEN UND FRISCHKÄSE

ZUTATEN für 2 Personen

Öl für die Form
1 kleine Zwiebel
2 Tomaten
2 Stiele Bohnenkraut
125 g Frischkäse (Doppelrahmstufe)
Salz und Pfeffer
1–2 TL Zitronensaft
2 Lachsfilets (à ca. 150 g)

ZEITAUFWAND
Plane für die Zubereitung ca. 30 Minuten ein.

NÄHRWERTE
Pro Portion ca. 505 kcal, 34 g EW, 38 g F, 6 g KH

SCHWIERIGKEITSGRAD
Leicht

SO GEHT'S

- Zuerst heizt du den Backofen auf 200 °C (Umluft) vor. Bereite eine kleine Auflaufform vor und fette sie gut ein.
- Dann schälst du die Zwiebel und schneidest sie in feine Würfel. Wasche die Tomaten und schneide sie in kleine Würfel, entferne dabei die Stielansätze. Das Bohnenkraut waschen, trocken tupfen, die Blätter abzupfen und fein hacken. Den Frischkäse mit Zwiebel, Tomaten und Bohnenkraut mischen und mit Salz, Pfeffer und Zitronensaft abschmecken.
- Wasche den Lachs, tupfe ihn trocken und lege die Filets nebeneinander in die Form. Dann bestreichst du den Lachs mit der Tomaten-Frischkäse-Mischung und lässt ihn im Ofen auf der mittleren Schiene etwa 20 Minuten garen. Herausnehmen und sofort servieren.

TIPP
Zum Fisch kannst du dir nach Belieben noch eine Portion Gemüse machen. Am besten bereitest du es auch gleich mit im Ofen zu – wie das Ofengemüse à la Mama auf Seite 143.

DEIN Emotional Eating BONUS

Zum Abnehmen sollte man regelmäßig Fisch essen. Perfekt für die Figur ist zum Beispiel die Kombi von Lachs und Gemüse. Das hochwertige Eiweiß im Fisch ist leicht verdaulich und liefert wertvolle Aminosäuren. Zudem enthält Lachs reichlich gesunde Omega-3-Fettsäuren. Diese gehören zu den mehrfach ungesättigten Fettsäuren, die vor Herz-Kreislauf-Erkrankungen schützen.

Seelachs AUF TERIYAKI-GEMÜSE

ZUTATEN für 2 Personen

125 g mehligkochende Kartoffeln
125 g Süßkartoffeln
4 EL Olivenöl
1 TL Rosmarinnadeln
400 g Seelachsfilet
Saft von ½ Zitrone
8 EL Teriyaki-Sauce
(selbst gemacht, siehe Seite 72, oder gekauft)
2 EL Mehl
1 Knoblauchzehe
200 g Zuckerschoten

ZEITAUFWAND
Plane für die Zubereitung ca. 35 Minuten sowie zum Backen ca. 25 Minuten ein.

NÄHRWERTE
Pro Portion ca. 615 kcal, 48 g EW, 27 g F, 40 g KH

SCHWIERIGKEITSGRAD
Leicht

SO GEHT'S

- Den Backofen auf 200 °C (Umluft) vorheizen. Ein Backblech mit Backpapier belegen. Zuerst solltest du die Kartoffeln waschen und gründlich abbürsten. Die Süßkartoffeln putzen und schälen Beide Kartoffelsorten schneidest du in Streifen und mischst sie mit 2 EL Öl und dem Rosmarin. Auf dem Blech verteilen und im Ofen auf der mittleren Schiene gut 25 Minuten garen.

- Dann solltest du den Fisch waschen, trocken tupfen und mit Zitronensaft beträufeln. Danach mit 4 EL Teriyaki-Sauce bestreichen und mit dem Mehl bestreuen, beiseitestellen.

- Nun kannst du den Knoblauch schälen und fein würfeln. Die Zuckerschoten waschen und mit dem Knoblauch in einer Pfanne in 1 EL Öl andünsten. Etwas Teriyaki-Sauce dazugeben und die Zuckerschoten bei schwacher Hitze warm halten.

- In einer zweiten Pfanne kannst du den Fisch im übrigen Öl auf jeder Seite etwa 2 Minuten braten. Nimm die Kartoffeln aus dem Ofen und richte sie mit dem Gemüse und Fisch auf Tellern an. Die restliche Teriyaki-Sauce darüberträufeln.

TIPP
Falls du keine Kartoffeln essen möchtest, leg einfach ein paar Möhren, Zucchini oder Paprika mit aufs Blech. Für noch weniger Aufwand kannst du den Fisch ebenfalls im Ofen garen: Seelachs ist je nach Dicke im vorgeheizten Ofen bei 180 °C in etwa 20 Minuten fertig.

DEIN *Emotional Eating* BONUS

Kartoffeln mit Süßkartoffeln zu mischen, ist nicht nur optisch und geschmacklich ein Hit. Süßkartoffeln haben auch in puncto Gesundheit einiges zu bieten: Sie enthalten reichlich Vitamin E und jede Menge wertvolle Mikronährstoffe. Besonders hervorzuheben ist dabei Kalium, das dem Körper beim Entwässern hilft und vor hohem Blutdruck schützen kann.

Garnelen MIT GEMÜSENUDELN UND PILZEN

ZUTATEN für 2 Personen

½ Knoblauchzehe
50 g Champignons
½ rote Paprikaschote
100 g Garnelen (vorgegart und geschält)
1 Zucchini
2 Möhren
1 EL Olivenöl
Salz und Pfeffer
2 Stiele Koriandergrün

ZEITAUFWAND
Plane für die Zubereitung ca. 20 Minuten ein.

NÄHRWERTE
Pro Portion ca. 150 kcal, 12 g EW, 6 g F, 9 g KH

SCHWIERIGKEITSGRAD
Leicht

SO GEHT'S

- Zuerst schälst du den Knoblauch und würfelst ihn fein. Die Pilze putzt du, reibst sie, falls nötig, trocken ab und schneidest sie in Streifen. Die Paprikahälfte entkernen, waschen und in dünne Streifen schneiden. Die Garnelen in einem Sieb abbrausen und abtropfen lassen. Zucchini und Möhren putzen, waschen bzw. schälen und jeweils mit dem Spiralschneider der Länge nach in Spaghetti-ähnliche Streifen schneiden.
- Dann erhitzt du das Öl in einer großen Pfanne und brätst darin den Knoblauch etwa 30 Sekunden an. Pilze, Paprika und Garnelen hinzufügen und alles etwa 2 Minuten mitbraten. Nun kommen die Zucchini und Möhren dazu und werden kurz mitgebraten.
- Alles mit Salz und Pfeffer abschmecken. Das Koriandergrün waschen, trocken tupfen, die Blätter abzupfen und fein hacken. Richte alles auf Tellern an und bestreue es mit dem Koriandergrün. Wer will, reicht Cashewmus dazu – dann wird das Gericht noch sättigender und man hat gleichzeitig eine sämige Sauce.

TIPP
Falls du auf Fisch allergisch reagierst, kannst du die Garnelen durch in Streifen geschnittenes Hähnchenbrustfilet ersetzen. Für Veggie-Fans gibt es außerdem Alternativen aus Soja und Seitan.

Du bist ein Fan von Champignons? Gut so! Denn die Pilze versorgen dich mit Mineralstoffen wie Kalium sowie wertvollen B-Vitaminen. Weil Champignons zu gut 90 Prozent aus Wasser bestehen und kaum Kalorien haben, sind sie äußerst figurfreundlich. Dank ihrer Ballaststoffe bringen sie zudem den Magen-Darm-Trakt ins Gleichgewicht und stärken so auch unser Immunsystem.

DEIN *Emotional Eating* **BONUS**

Poké Bowl
MIT THUNFISCH UND MANGO

ZUTATEN für 2 Personen

10 g Ingwer
1 Knoblauchzehe
2–3 EL Sojasauce
50–60 ml Sesamöl
200 g Thunfischfilet (in Sushi-Qualität)
100 g roter Reis (ersatzweise Langkornreis, am besten Vollkorn)
Salz
200 g tiefgekühlte Erbsen
1 Avocado
Saft von ½ Zitrone
1 Mango (ca. 500 g)
einige Stiele Koriandergrün
1 EL dunkle Sesamsamen

ZEITAUFWAND

Plane für die Zubereitung ca. 30 Minuten ein.

NÄHRWERTE

Pro Portion ca. 575 kcal, 35 g EW, 18 g F, 66 g KH

SCHWIERIGKEITSGRAD

Leicht

SO GEHT'S

- Schäle Ingwer und Knoblauch und würfle beides fein. Dann mit der Sojasauce und dem Sesamöl verrühren. Den Thunfisch waschen und trocken tupfen. Den Fisch in kleine Würfel schneiden, in der Marinade wenden und darin etwas ziehen lassen.

- Inzwischen den Reis in einem Sieb gründlich mit kaltem Wasser abspülen. In einem Topf mit Salzwasser nach Packungsanweisung bei schwacher Hitze etwa 20 Minuten garen, danach in ein Sieb abgießen und abtropfen lassen. Die Erbsen in kochendem Salzwasser etwa 5 Minuten garen, in ein Sieb abgießen und abtropfen lassen.

- Währenddessen die Avocado halbieren und den Kern entfernen. Das Fruchtfleisch aus den Schalen lösen und in schmale Streifen schneiden. Sofort mit etwas Zitronensaft beträufeln, damit sich die Avocado nicht bräunlich verfärbt. Die Mango schälen, das Fruchtfleisch erst vom Stein und dann in mundgerechte Würfel schneiden.

- Zum Servieren das Koriandergrün waschen und trocken tupfen. Den Thunfisch aus der Marinade nehmen und mit Erbsen, Reis, Avocado und Mango in Schalen (Bowls) anrichten. Mit Sesam und Koriander garnieren.

TIPP

Poké kommt aus Hawai bezeichnet ein Gericht aus roh mariniertem Fisch, wie es in Japan üblich ist. In die Bowl (Schüssel) kommt dann aber noch mehr und je nach Zutaten ergibt sich eine bunte Vielfalt an gesunden Nährstoffen. So steuert allein schon der Fisch hochwertiges Eiweiß bei und liefert, zumindest wenn er fettreich ist wie in diesem Rezept, wichtige Omega-3-Fettsäuren. Wenn du magst, kannst du die Erbsen durch Edamame ersetzen und für exotische Schärfe etwas Wasabi-Paste dazugeben.

DEIN *Emotional Eating* BONUS

Bei der Zusammenstellung der Bowl kannst du dich von deinem inneren Hunger leiten lassen. Damit ist vor allem der Zellhunger gemeint, der dir sagt, was dein Körper gerade an Nährstoffen braucht. Das nennt sich intuitives Essen. Überlege dir, ob dir eher nach Fisch oder Tofu, Reis oder Quinoa ist! So gestaltest du eine Bowl, die dich happy und lange satt macht.

Beilagen
SCHNELL AUFGETISCHT

Meine Rezepte für Fleisch und Fisch kommen fast alle ohne die klassischen Kohlenhydrat-Beilagen aus. Für den großen Hunger kannst du aus diesen drei Ideen wählen. Sie machen sich aber auch solo gut, wenn du sie mit etwas Eiweiß kombinierst.

SÜSSKARTOFFELN MIT SALSA

Für 2 Personen: Den Backofen auf 200 °C (Umluft) vorheizen. 2 Süßkartoffeln (à ca. 250 g) waschen und in Wasser etwa 10 Minuten vorgaren. 1 Chilischote längs halbieren, entkernen, waschen und klein würfeln. 1 haselnussgroßes Stück Ingwer schälen und fein hacken. Den Saft von 1 Limette, Chili und Ingwer mit 1 EL flüssigem Honig verrühren. Süßkartoffeln abgießen, längs aufschneiden und mit der Marinade bestreichen, wieder zusammenklappen, in Backpapier wickeln und im Ofen auf dem Rost etwa 25 Minuten garen. Für die Salsa 3 Tomaten waschen und klein würfeln, die Stielansätze entfernen. 1 Frühlingszwiebel putzen, waschen und in dünne Ringe schneiden. Beides mit etwas abgeriebener Bio-Limettenschale, gemahlenem Koriander und jeweils 1 EL Olivenöl und Honig mischen. Die Salsa zu den Süßkartoffeln reichen.

ZEITAUFWAND
Plane für die Zubereitung ca. 45 Minuten ein.

NÄHRWERTE
Pro Portion ca. 460 kcal, 6 g EW, 7 g F, 84 g KH

SCHWIERIGKEITSGRAD
Leicht

DEIN *Emotional Eating* BONUS

Laut des Center for Science in the Public Interest, Washington, ist die Süßkartoffel eine extrem gesunde Gemüsesorte. Denn sie hat einen Effekt, der für den Erfolg einer Diät entscheidend ist: Sie sorgt dafür, dass der Blutzucker sich auf einem konstanten Level bewegt. Spontane Hungergefühle kommen dadurch erst gar nicht auf und wir bleiben entspannt.

ROSENKOHL MIT SPECK

Für 2 Personen: 500 g Rosenkohl putzen, waschen und den Strunk jeweils kreuzweise einschneiden, größere Röschen halbieren. Dann in Salzwasser 10 bis 12 Minuten garen. Währenddessen 150 g Möhren schälen und fein raspeln. 1 Zwiebel schälen, in feine Würfel schneiden und mit 75 g Schinkenspeck (in Würfeln) und den Möhren in einer Pfanne in 2 EL Olivenöl (zum Braten) etwa 3 Minuten anbraten. 2 bis 3 EL Garsud vom Rosenkohl dazugießen und alles noch 3 bis 5 Minuten garen. Zuletzt mit Muskatnuss, Salz und Pfeffer abschmecken. Der Rosenkohl passt super zum Ofenlachs von Seite 134.

ZEITAUFWAND
Plane für die Zubereitung ca. 30 Minuten ein.

NÄHRWERTE
Pro Portion ca. 265 kcal, 17 g EW, 14 g F, 12 g KH

SCHWIERIGKEITSGRAD
Leicht

OFENGEMÜSE À LA MAMA

Für 2 Personen: Den Backofen auf 200 °C vorheizen. 4 Kartoffeln gründlich waschen und samt Schale vierteln. Je ½ rote und ½ gelbe Paprikaschote entkernen, waschen und grob würfeln. 1 Zucchini und ½ Aubergine putzen, waschen und grob würfeln. 5 Champignons putzen, falls nötig, trocken abreiben und halbieren. 2 Zwiebeln schälen und in Spalten schneiden. Gemüse und Kartoffeln in einer Schüssel mit 3 EL Olivenöl, je 1 TL getrocknetem Oregano und Thymian sowie Chilipulver, Salz und Pfeffer mischen, auf einem Backblech verteilen und im Ofen auf der mittleren Schiene etwa 20 Minuten backen.

ZEITAUFWAND
Plane für die Zubereitung ca. 20 Minuten sowie zum Backen ca. 20 Minuten ein.

NÄHRWERTE
Pro Portion ca. 350 kcal, 9 g EW, 6 g F, 39 g KH

SCHWIERIGKEITSGRAD
Leicht

Grünkern-Risotto
MIT SESAMHÄHNCHEN UND DIP

ZUTATEN für 2 Personen

100 g Grünkern
150 g Möhren
250 g Zucchini
1 Gemüsezwiebel
1 Knoblauchzehe
2 EL Rapsöl
¼ l Gemüsebrühe
1 Bio-Zitrone
250 g Hähnchenbrustfilet
1 EL geräuchertes Paprikapulver
3 EL helle Sesamsamen
Salz und Pfeffer
1–2 Stiele Petersilie
15 g geriebener Parmesan
½ TL gemahlene Kurkuma
2 EL Magerquark

ZEITAUFWAND
Plane für die Zubereitung ca. 30 Minuten und zum Garen ca. 15 Minuten ein.

NÄHRWERTE
Pro Portion ca. 630 kcal, 48 g EW, 25 g F, 47 g KH

SCHWIERIGKEITSGRAD
Leicht

SO GEHT'S

- Heize den Backofen schon mal auf 180 °C (Umluft) vor. Den Grünkern solltest du nach Packungsanweisung weich garen. Dann kannst du die Möhren schälen, die Zucchini waschen und beides in kleine Würfel schneiden. Zwiebel und Knoblauch schälen und in feine Würfel schneiden.
- Dann brätst du in einer Pfanne in 1 EL Öl Möhren und Zucchini an Gib Zwiebel, Knoblauch und Grünkern dazu und lösch alles mit der Brühe ab. Lass den Risotto dann mit geschlossenem Deckel etwa 20 Minuten köcheln.
- Die Zitrone musst du heiß waschen, abtrocknen und etwas Schale fein abreiben. Danach die Zitrone halbieren, auspressen und den Saft zum Grünkern geben.
- Das Hähnchenfleisch waschen, trocken tupfen und in vier Stücke schneiden, mit Paprikapulver und Sesam bestreuen. Dann brätst du es in einer Pfanne scharf im übrigen Öl an und würzt es mit Salz und Pfeffer. Setze das Fleisch in eine Auflaufform und gare es im Ofen auf der mittleren Schiene noch etwa 15 Minuten.
- Inzwischen die Petersilie waschen, trocken tupfen, die Blätter abzupfen und fein hacken. Aus Petersilie, Parmesan, Kurkuma, Salz, Quark und Zitronenschale mischst du den Dip. Zum Servieren richtest du das Risotto auf Tellern an, nimmst das Hähnchen aus dem Ofen und legst es dazu. Zuletzt alles mit dem Dip garnieren.

TIPP
Die knusprige Sesampanade schmeckt nicht nur lecker, sie ist auch gesund. Sesamkörner enthalten nämlich ungesättigte Fettsäuren, die gut für unser Herz und die Gefäße sind. Für Veganer und Vegetarier ist Sesam interessant, weil er neben vielen anderen wertvollen Vitaminen und Mineralstoffen auch Eisen enthält.

DEIN *Emotional Eating* BONUS

Grünkern ist Nervennahrung par excellence, denn der unreif geerntete Dinkel besitzt einen hohen Anteil von B-Vitaminen. Diese sind wichtig für unser Gehirn und die Nerven. Verstärkt wird der Effekt noch durch Magnesium und Phosphor, die ebenfalls in Grünkern stecken und eine echte Wohltat für unser Nervenkostüm sind. Ein Emotional-Eating-Joker!

Crispy Chicken
MIT PAPRIKA UND BLUMENKOHL

ZUTATEN für 2 Personen

je 1 rote und gelbe Paprikaschote
1 rote Zwiebel, 100 g Blumenkohl
2 EL Olivenöl
3–4 Basilikumblätter
2 Hähnchenbrustfilets
(à ca. 150 g)
2 EL Tomatenmark
1 Ei (Größe M)
Salz und Pfeffer
30 g geriebener Parmesan
30 g Paniermehl

ZEITAUFWAND
Plane für die Zubereitung ca. 15 Minuten sowie zum Garen ca. 35 Minuten ein.

NÄHRWERTE
Pro Portion ca. 440 kcal, 47 g EW, 19 g F, 18 g KH

SCHWIERIGKEITSGRAD
Leicht

SO GEHT'S

- Heize den Backofen auf 190 °C (Umluft) vor. Dann halbierst du die Paprika der Länge nach, entfernst die Kerne, wäschst die Hälften und würfelst sie grob. Die Zwiebel schälen und in Ringe schneiden. Den Blumenkohl teilst du in Röschen und wäschst sie. Nimm dir eine Auflaufform und mische darin Paprika, Zwiebel und Blumenkohl mit ½ EL Öl.

- Dann das Basilikum waschen und trocken tupfen. Die Hähnchenbrustfilets waschen, trocken tupfen und mit einem Messer quer eine Tasche einschneiden. Die Tasche füllst du jeweils mit Tomatenmark und Basilikum. Falls nötig, kannst du das Hähnchen mit einem kleinen Zahnstocher verschließen, damit es nicht von innen austrocknet.

- Verquirle das Ei in einer kleinen Schüssel mit 1 EL Wasser, Salz und Pfeffer. Käse und Paniermehl in einem tiefen Teller mischen. Das Fleisch erst durch die Eimischung ziehen, danach in der Panade wenden und auf das Gemüse in die Form setzen.

- Nun beträufelst du alles mit dem übrigen Öl und garst es im Ofen auf der mittleren Schiene etwa 35 Minuten. Nimm danach die Form aus dem Ofen und richte Gemüse und Fleisch auf Tellern an.

DEIN *Emotional Eating* BONUS

Paprikaschoten liefern kaum Kalorien, dafür aber viel Vitamin C. Das stärkt das Bindegewebe, kurbelt das Immunsystem an und fördert so die Ausscheidung von Giftstoffen. Mit Vitamin C produziert der Körper außerdem wichtige Hormone (z. B. Noradrenalin), die an der Fettverbrennung beteiligt sind und ermöglichen, dass aus den Fettspeichern Energie gewonnen wird.

Kohlrabigratin

MIT HÄHNCHEN UND BACON

ZUTATEN für 2–3 Personen

400 g Kohlrabi
¼ l Gemüsebrühe
¼ l Milch
20 g Butter
15 g Mehl
Salz und Pfeffer
frisch geriebene Muskatnuss
250 g Hähnchenbrustfilet
40 g Frühstücksspeck
(Bacon; in Scheiben)
15 g geriebener Käse
(z. B. Emmentaler)
2–3 Stiele Petersilie

ZEITAUFWAND
Plane für die Zubereitung ca. 30 Minuten sowie zum Backen ca. 25 Minuten ein.

NÄHRWERTE
Pro Portion (bei 2 Personen)
ca. 520 kcal, 41 g KH, 31 g F, 17 g KH

SCHWIERIGKEITSGRAD
Leicht

SO GEHT'S

- Als Erstes heizt du den Backofen auf 200 °C (Umluft) vor. Dann schälst du den Kohlrabi und schneidest ihn in mundgerechte Stücke. Die Brühe kochst du mit der Milch in einem Topf auf und garst den Kohlrabi darin etwa 10 Minuten bissfest.

- Die Butter lässt du in einem kleinen Topf schmelzen und gibst das Mehl dazu. Dann gießt du den Garsud vom Kohlrabi dazu, verrührst alles mit einem Schneebesen und lässt es bei mittlerer Hitze ein paar Minuten köcheln. Schmecke die Béchamelsauce mit Salz, Pfeffer und Muskatnuss ab.

- Inzwischen wäschst du das Hähnchenfleisch, tupfst es trocken, schneidest es in schmale Streifen und würzt diese mit Salz und Pfeffer. Schichte dann die Kohlrabischeiben im Wechsel mit dem Hähnchen in eine Auflaufform ein. Übergieße alles mit der Béchamelsauce und lege die Speckscheiben darauf.

- Dann den geriebenen Käse darüberstreuen und das Gratin im Ofen auf der mittleren Schiene etwa 25 Minuten garen. Inzwischen die Petersilie waschen, trocken tupfen, die Blätter abzupfen und fein hacken. Das Gratin aus dem Ofen nehmen, vor dem Servieren kurz abkühlen lassen und mit Petersilie bestreuen.

TIPP
Der Auflauf liefert mehr Vitamine, wenn du noch etwas Spinat zwischen Kohlrabi und Hähnchen schichtest. Für Veganer: Aus der Milch wird Sojadrink, aus dem Hähnchenbrustfilet Seitan, den Käse kaufst du vegan – und den Speck lässt du einfach weg.

DEIN *Emotional Eating* BONUS

Kohlrabi ist gut für deine Figur, denn er ist nicht nur fast fettfrei, sondern mit 28 Kalorien pro 100 g auch ein echtes Leichtgewicht. Achte darauf, das gesunde Gemüse nicht in Sahnesaucen zu ertränken – das treibt schnell die Kalorienanzahl in die Höhe. Auch Low-Carb-Fans machen mit der Knolle alles richtig: Nur knapp 4 g Kohlenhydrate stecken in 100 g.

Hackpfanne
MIT KICHERERBSEN UND DIP

ZUTATEN für 2 Personen

1 Zwiebel
1 Knoblauchzehe
1 rote Paprikaschote
1–2 EL Olivenöl (zum Braten)
250 g Rinderhackfleisch
2 TL Tomatenmark
Salz und Pfeffer
200 ml Gemüsebrühe
300 g Kichererbsen
(aus Dose oder Glas)
1–2 Stiele Koriandergrün
2 EL Natur- oder Sojajoghurt

ZEITAUFWAND
Plane für die Zubereitung ca. 20 Minuten ein.

NÄHRWERTE
Pro Portion ca. 585 kcal, 39 g EW, 32 g F, 31 g KH

SCHWIERIGKEITSGRAD
Leicht

SO GEHT'S

- Zuerst sollest du Zwiebel und Knoblauch schälen und fein würfeln. Dann musst du die Paprika halbieren, entkernen, waschen und in Würfel oder Streifen schneiden.
- Du erhitzt das Öl in einer Pfanne und dünstest Zwiebel und Knoblauch darin kurz an. Gib das Hackfleisch und das Tomatenmark dazu und brate das Fleisch unter Rühren krümelig an. Würze alles mit etwas Salz und Pfeffer.
- Alles wird mit der Brühe abgelöscht und darf dann etwa 5 Minuten köcheln. Dann die Kichererbsen in einem Sieb abbrausen, mit den Paprika zum Hack geben und alles etwa 3 Minuten garen.
- Zum Servieren wäschst du das Koriandergrün, tupfst es trocken und hackst es samt Stielen fein. Die Hackfleischpfanne auf Teller verteilen und mit dem Joghurt und dem Koriander toppen.

TIPP
Zur Hackpfanne passt noch ein knuspriges Pitabrot – dann ist das Gericht aber nicht mehr glutenfrei und auch nicht Low Carb.

DEIN *Emotional Eating* BONUS

An Olivenöl solltest du in der Küche nicht sparen. Es macht nicht dick, im Gegenteil: Es kann dir sogar beim Abnehmen helfen. Das liegt daran, dass es einen optimalen Mix aus gesättigten und ungesättigten Fettsäuren enthält. Außerdem liefert Olivenöl Vitamin E und verschiedene Polyphenole, die antioxidativ wirken und Zellen und Gefäße schützen.

Käseomelett
MIT SCHINKEN UND RUCOLA

ZUTATEN für 2 Personen

4 Eier (Größe M)
Salz und Pfeffer
50 g Kochschinken
(in dünnen Scheiben)
100 g Camembert
1 EL Olivenöl (zum Braten)
20 g Rucola

ZEITAUFWAND
Plane für die Zubereitung ca. 10 Minuten sowie zum Backen ca. 15 Minuten ein.

NÄHRWERTE
Pro Portion ca. 335 kcal, 24 g EW, 23 g F, 15 g KH

SCHWIERIGKEITSGRAD
Leicht

SO GEHT'S

- Heize den Backofen auf 200 °C (Umluft) vor. Dann verquirlst du die Eier in einer Schüssel mit einem Schneebesen und würzt alles mit Salz und Pfeffer.

- Falls nötig, kannst du die Schinkenscheiben noch etwas kleiner schneiden. Den Camembert in etwa 5 mm dünne Scheiben schneiden.

- Dann erhitzt du das Öl in einer ofenfesten Pfanne bei mittlerer Hitze. Gieß die Eiermasse in die Pfanne und lass sie etwa 5 Minuten stocken.

- Nun verteilst du den Schinken und den Käse auf den Eiern und stellst die Pfanne in den vorgeheizten Backofen auf die mittlere Schiene (Achtung, der Pfannengriff wird eventuell heiß. Um sicherzugehen, kannst du ihn mit Alufolie umwickeln!).

- Das Omelett gart 10 bis 15 Minuten im Ofen – es ist fertig, wenn der Käse geschmolzen ist. Inzwischen kannst du den Rucola verlesen, waschen und trocken schleudern. Grobe Stiele entfernst du. Anschließend nimmst du das Omelett aus dem Ofen und richtest es auf Tellern an. Den Rucola gibst du als Garnitur darüber.

TIPP
In dieses Omelett kannst du ganz nach Lust und Laune noch Gemüse geben. Dazu passen zum Beispiel Tomaten- und/oder Zucchiniwürfel oder in Scheiben geschnittene Champignons.

DEIN *Emotional Eating* BONUS

Dieses Low-Carb-Omelett ist nicht nur abends perfekt, weil es gut satt macht, ohne den Körper unnötig zu belasten. Es ist auch das ideale Frühstück! Mit seinen wertvollen Proteinen bringt es morgens deinen Stoffwechsel auf Trab und hält den Blutzuckerspiegel lange stabil. Das Gute: Heißhungerattacken haben dann tagsüber keine Chance mehr!

Avocado MEETS STEAK

ZUTATEN für 2 Personen

1 kleine rote Zwiebel
250 g Cocktailtomaten
1 reife Avocado
(am besten Sorte Hass)
50 g junger Spinat
2 EL Olivenöl
1 EL Aceto balsamico
1 TL Zitronensaft
2 EL Olivenöl (zum Braten)
300 g Rindersteak oder -filet
Salz und Pfeffer
je 1 TL gehackte italienische
Kräuter (z. B. Rosmarin und
Thymian)

ZEITAUFWAND
Plane für die Zubereitung ca. 20 Minuten ein.

NÄHRWERTE
Pro Portion: ca. 565 kcal, 36 g EW, 42 g F, 9 g KH

SCHWIERIGKEITSGRAD
Leicht

SO GEHT'S

- Schäle erst die Zwiebel und schneide sie in feine Würfel. Wasche und halbiere die Cocktailtomaten der Länge nach. (Nach Belieben kannst du das Rindersteak schon mal mit der Marinade von Seite 73 marinieren.)
- Halbiere die Avocado, entferne den Kern vorsichtig, löse das Fruchtfleisch aus den Schalen und schneide die Avocado in dünne Scheiben. Verlese und wasche den Spinat, schleudere ihn trocken und richte ihn mit Olivenöl und Essig auf Tellern an. Lege die Avocadoscheiben dazu und beträufle sie sofort mit Zitronensaft, damit sie sich nicht bräunlich verfärben.
- Erhitze das Olivenöl (zum Braten) in einer Pfanne und brate das Fleisch darin 3 bis 4 Minuten stark an, dann wenden. (Falls du dein Fleisch vorher mariniert hast, musst du kein weiteres Öl in die Pfanne geben.) Das Fleisch mit Salz und Pfeffer würzen und auf eine Seite der Pfanne schieben. Die Tomaten und Zwiebeln hinzufügen und kurz mit anbraten.
- Zum Servieren nimmst du das Fleisch aus der Pfanne und schneidest es in Streifen. Die Tomaten mit dem Fleisch auf die Teller dazusetzen und mit den italienischen Kräutern bestreuen.

TIPP
Du kannst das Gericht um Pilze, Paprika und/oder Zucchini erweitern – dann wirst du garantiert richtig satt. Perfekt für Vegetarier: das Steak durch (geräucherten) Tofu ersetzen.

DEIN *Emotional Eating* BONUS

Es stimmt: Mit rund 24 g Fett pro 100 g hat die Avocado tatsächlich einen hohen Fettgehalt. Die gute Nachricht: Der größte Teil besteht aus wertvollen ungesättigten Fettsäuren – und zwar sowohl aus einfach wie auch mehrfach ungesättigten. Diese senken nachweislich das sogenannte LDL-Cholesterin im Blut und schützen vor Herz-Kreislauf-Erkrankungen.

Süße Quickies
FÜR BEWUSSTE GENIESSER

Gänzlich auf Süßes zu verzichten, würde das unkontrollierte emotionale Essen nur noch mehr anheizen. Daher stelle ich dir hier meine drei Lieblingsdesserts vor – alle einfach zuzubereiten und garantiert Süßhunger-stillend!

KARAMELLPUDDING

Für 2 Personen: Du wiegst 20 g Maisstärke ab und verrührst sie mit 2 EL Milch so lange in einer Tasse, bis keine Klümpchen mehr zu sehen sind. Dann 15 g Zucker in einem Topf bei mittlerer Hitze unter Rühren braun werden lassen. 220 ml Milch mit einem Schwung in den Topf gießen und bei schwacher Hitze unter Rühren so lange köcheln lassen, bis das Karamell geschmolzen ist. (Durch die Milch wird der Karamell erst hart und löst sich dann in der Milch auf.) Wenn alles aufgelöst ist, den Topf vom Herd ziehen und die angerührte Stärke in die heiße Karamellmilch rühren. Alles einmal unter Rühren aufkochen und auf kleine Gläser verteilen. Den Pudding abkühlen lassen und zum Servieren mit etwas Zimtpulver bestäuben. Dazu passen sehr gut zuckerarme Beeren.

ZEITAUFWAND
Plane für die Zubereitung ca. 30 Minuten ein.

NÄHRWERTE
Pro Portion ca. 150 kcal, 4 g EW, 4 g F, 22 g KH

SCHWIERIGKEITSGRAD
Leicht

DEIN *Emotional Eating* BONUS

Woher kommt Süßhunger in Stress-Situationen? Zucker besteht aus einfachen Kohlenhydraten und ist daher der Lieblingsbrennstoff unseres Körpers: Damit kann er am schnellsten Energie erzeugen. Bei Stress signalisiert der Körper eine Art Notfall, für den er bald extra Energie benötigt: Süßhunger entsteht. Wer abnehmen will, sollte sich auch bei den gesunden Naschereien zurückhalten.

APFEL-KIWI-TRAUM

Für 2 Personen: 1 Apfel (ca. 150 g) schälen, entkernen und grob würfeln. 350 ml Apfelsaft mit 1 Päckchen Vanillezucker und 1 Prise Zimtpulver aufkochen, die Apfelstücke darin etwa 10 Minuten ziehen lassen. 15 g Speisestärke mit jeweils 2 EL Zitronensaft und Wasser verrühren, unter den Apfel-Mix geben und alles kurz aufkochen. 2 Kiwis schälen und in Scheiben schneiden. 2 Scheiben zum Garnieren beiseitelegen, den Rest in einem hohen Rührbecher mit dem Stabmixer pürieren und zum Apfel-Mix geben. Das Mus auf Gläser verteilen und mit 150 g Joghurt (3,8 % Fett) toppen. Mit den beiseitegelegten Kiwischeiben belegen und mit Zimt bestäuben.

ZEITAUFWAND
Plane für die Zubereitung ca. 20 Minuten ein.

NÄHRWERTE
Pro Portion ca. 320 kcal, 6 g EW, 8 g F, 60 g KH

SCHWIERIGKEITSGRAD
Leicht

BUTTERMILCH-MOUSSE

Für 4 Personen: 5 Blätter Gelatine in etwas kaltem Wasser einweichen. 500 g Buttermilch mit 75 g Puderzucker verrühren. 100 g Sahne steif schlagen. Ausgedrückte Gelatine in 2 EL Zitronensaft in einem Topf leicht erhitzen und auflösen. 3 bis 4 EL Buttermilch-Mix nach und nach unter die Gelatine rühren (Temperaturausgleich!), dann alles unter die übrige Buttermilch mischen. Die Sahne vorsichtig unterheben. Die Mousse auf Gläser verteilen und mindestens 4 Stunden kühl stellen. Zum Servieren 125 g Himbeeren verlesen, waschen und trocken tupfen, auf der Mousse anrichten. Mit Minze garnieren.

ZEITAUFWAND
Plane für die Zubereitung ca. 15 Minuten sowie zum Kühlen ca. 4 Stunden ein.

NÄHRWERTE
Pro Portion ca. 225 kcal, 8 g EW, 9 g F, 26 g KH

SCHWIERIGKEITSGRAD
Leicht

MEINE TOP TEN
DER WÜRZIGEN ABNEHMHELFER

KURKUMA
Die fernöstliche Medizin vertraut seit Jahrhunderten auf die Heilkraft der gelben Wurzel. Sie unterstützt die Verdauung, hält den Magen-Darm-Trakt in Schuss, wirkt entzündungshemmend und entgiftend. Das exotische Gewürz gilt als DER Fatburner schlechthin und soll sogar die Bildung neuer Fettzellen hemmen.

ZIMT
Der Duft von Zimt erinnert immer an Weihnachten, darf aber ruhig das ganze Jahr über in der Luft schweben. Denn Zimt ist extrem reich an Antioxidantien und schützt unsere Zellen vor Alterung. Auch für den Blutzuckerspiegel ist Zimt gut: Wenn man ihn regelmäßig verwendet, verbessert er die Insulinwirkung des Stoffwechsels und bremst Heißhungerattacken.

SCHWARZER PFEFFER
Mit seiner leichten Schärfe heizt dieses Allround-Gewürz unserem Stoffwechsel ordentlich ein. Energievorräte wandelt der Körper dabei in Wärme um – im besten Fall auf Kosten der Fettreserven an Bauch, Hüften und Po. Pfeffer soll es neuen Fettzellen auch erschweren, es sich genau in diesen Problemzonen bequem zu machen.

KREUZKÜMMEL (CUMIN)
Die Phytosterine in Cumin lassen Fettpolster schmelzen und sollen dafür verantwortlich sein, dass sich die Blutfettwerte, vor allem das ungünstige LDL-Cholesterin, verbessern. Auch der Stoffwechsel wird angeregt, sodass dein Kalorienverbrauch steigt. Daneben wirkt Kreuzkümmel beruhigend auf Magen und Darm, weshalb er viele Speisen bekömmlicher macht.

CHILI

Heiß, heißer, Chili! Die rote Schote pusht deinen Stoffwechsel und bringt ihn auf Hochtouren. Dein Energieumsatz wird größer und du verbrennst mehr Kalorien. Dass Anheizen in diesem Fall wortwörtlich zu verstehen ist, merken wir dann, wenn sich nach einem scharfen Essen eine wohlige Wärme im Körper ausbreitet.

KARDAMOM

Seine ätherischen Öle zügeln den Appetit, sodass du dir einige Kalorien sparen kannst. Auch dieses Gewürz aus der ayurvedischen Küche kurbelt den Stoffwechsel an und wirkt gegen unangenehme Magen-Darm-Beschwerden wie Blähungen oder Krämpfe.

KORIANDER

Die einen lieben ihn, für die anderen ist er fast ungenießbar. Besonders beim Koriandergrün scheiden sich die Geister. Neben den Blättern sind auch die Samen essbar. Wenn dein Bauch öfter aufgebläht ist, solltest du unbedingt zugreifen: Gemahlener Koriander lindert nachweislich Magen-Darm-Beschwerden und unterstützt den Körper beim Entgiften.

INGWER

Warum Ingwer als Superfood gehandelt wird? Weil er gegen Mundgeruch genauso gut wie gegen Übelkeit wirkt und außerdem Schmerzen lindert. Auch beim Abnehmen hilft die scharfe Wurzel: Ingwer kurbelt den Stoffwechsel an und beschleunigt die Kalorienverbrennung. Zusätzlich unterstützt das Gewürz den Körper beim Ausscheiden von Gift- und Schadstoffen.

KNOBLAUCH

Noch so eine Wunderpflanze! Knoblauch hilft dem Körper, mehr Kalorien zu verbrennen und den Stoffwechsel auf Touren zu bringen. Er fördert die Fibrinolyse (Auflösen von Blutgerinnseln), senkt Cholesterin und Blutdruck, stärkt Leber und Immunsystem und wirkt antimikrobiotisch.

PETERSILIE

Was den Vitamin-C-Gehalt betrifft, toppt Petersilie so manche Obstsorte. Außerdem hat das beliebte Kraut eine entgiftende Wirkung und regt die Verdauung an. Weil sie dem Körper beim Entwässern hilft, soll Petersilie sogar helfen können, Nierensteinen vorzubeugen.

REZEPTREGISTER

HINWEIS

DANKSAGUNG

Wenn so ein wunderbares Kochbuch erscheint, steht meist nur die Autorin oder die Köchin im Fokus. Das ist aber nicht besonders fair, weil es immer vieler Menschen bedarf, die ein solches Buch überhaupt erst ermöglichen. Das war natürlich auch bei mir der Fall. Und die lieben Menschen, die mir während des Schreibens eine Hilfe gewesen sind, sollen hier nun besondere Erwähnung finden. Ich hoffe, an alle gedacht zu haben.

Zunächst richtet sich mein Dank an meinen Verlag. Dass ZS bereit war, mehr oder minder Neuland mit einem Emotional-Eating-Kochbuch zu betreten (denn es gibt eigentlich keine Kochbücher, die sich mit Arten einer vermeidlichen Essstörung oder gar Ernährungstherapie befassen), zeugt von großem Vertrauen. Und herzlichen Dank auch für die offenen Ohren und die Geduld, wenn ich mal wieder mit vielen Fragen und Ideen um die Ecke kam.

Was schlussendlich als Rezept, aber auch als Text in diesem Kochbuch gelandet ist, mussten alles zunächst meine Lektorinnen lesen. Das war bestimmt nicht immer einfach. Und was sie daraus gemacht haben, ist einfach phänomenal. Innigen Dank also an das dynamische Kathrin-Duo. Danke, liebe Kathrin Ullerich, und danke, liebe Kathrin Gritschneder! Ihr habt diesem Buch den finalen Feinschliff gegeben.

Und selbstverständlich geht der Dank auch an meine Liebsten zu Hause – an meinen Mann und meinen kleinen Sohn, an meine Eltern und meine Großeltern. Euch allen möchte ich für die stets aufmunternden Worte ein herzliches Dankeschön sagen.

Danke auch an meine engsten Freunde, die bei der Entstehung dieses Kochbuchs als Tester fleißig mitgewirkt haben. Ihr habt mich motiviert, vieles noch zu verfeinern und zu verbessern! Danke für eure Gaumen-Kritik! Der Austausch mit euch war für mich immer sehr inspirierend.

Und schließlich bin ich dir dankbar. Dafür, dass du Interesse an meinem Kochbuch gezeigt und es bis hierhin gelesen und meine Rezepte gekocht hast. Dafür, dass du mir einen Teil deiner Zeit und deines Vertrauens geschenkt hast. Wenn dieses Kochbuch auch nur im Ansatz dazu beiträgt, eine Verbesserung deiner Ernährung und deines Lebensstils zu bewirken, dann hat es sich für mich gelohnt, es zu schreiben. Danke!

ZUR AUTORIN

Dr. Kathrin Vergin arbeitet als Ernährungstherapeutin und Heilpraktikerin für Psychotherapie und ist Geschäftsführerin des Emotional Eating Instituts in Hamburg. Als ehemals Betroffene kann sie bei der Betreuung ihrer Patienten, meist Menschen mit starkem Über- oder Untergewicht bzw. mit Essstörungen, nicht nur auf ihre fachliche Kompetenz, sondern auch auf ihre eigene Erfahrung zurückgreifen. Dazu bietet sie auch Onlinekurse mit passenden Live-Sprechstunden an. Neben ihrer Tätigkeit als Ernährungscoach hält Kathrin Vergin Vorträge und Seminare in Firmen und engagiert sich in der Ernährungsberatung von Krebspatienten. Informationen zu Kathrin Vergin und ihren Masterclasses gibt es auf der Webseite des Emotional Eating Instituts (www.emotional-eating-insitut.de) und auf ihren Social-Media-Kanälen.

IMPRESSUM

Hinter jedem tollen Buch steckt ein starkes Team

Projektleitung: *Kathrin Ullerich*
Texte und Rezepte: *Dr. Kathrin Vergin*
Lektorat: *Kathrin Gritschneder*
Korrektorat: *Edelgard Prinz-Korte*
Covergestaltung: *ZERO Werbeagentur, München*
Grafische Gestaltung und Satz:
ZERO Werbeagentur, München; Georg Feigl
Porträtfotos: *31Media GmbH, Michael Wilfling*
Rezeptfotos: *Coco Lang*
Foodstyling: *Sven Dittmann, Nils Lichtenberg, Julia Skowronek, Claudia Wenz*
Herstellung: *Frank Jansen*
Producing: *Jan Russok*
Druck & Bindung: *optimal media GmbH, Röbel*

1. Auflage 2023

Kaiserstraße 14 b
D-80801 München
ISBN: 978-3-96584-283-0

BILDNACHWEIS

Shutterstock: S. 15, 17, 23, 24, 25, 28, 29, 158, 159

FOOD FOTOS

Im Buch enthaltene Fotos können zur eigenen Nutzung erworben werden unter *www.stockfood.de*

LIEBE LESER, LIEBE LESERINNEN

wie schön, dass Sie ein Buch von ZS in den Händen halten. „jetzt leben!“ ist das Motto unseres Verlages. Es steht für Genuss und Inspiration, Unterstützung und Motivation. Ob Kulinarik oder Fitness, Gesundheit oder Lebenshilfe – seit über 30 Jahren bieten wir kompetente Ratgeber für (fast) alle Lebenslagen. Wir lieben Tradition genauso wie Innovation – sie treiben uns an. Unsere Autorinnen und Autoren sind Menschen, die zu ihrem Thema wirklich etwas zu sagen und zu schreiben haben. Unsere Produkte sind erzählerisch, appetitmachend und als gedruckte Bücher haptisch echte Erlebnisse. Für Sie mit ganz viel Liebe gemacht! Entdecken Sie mehr aus unserer wunderbaren Welt!

UNSER VERLAGSHAUS

Mit Standorten in München, Hamburg und Berlin zählt die Edel Verlagsgruppe zu den größten unabhängigen Buchanbietern Deutschlands. Zur Edel Verlagsgruppe gehört unter anderem ZS mit seinen Lizenzmarken Dr. Oetker Verlag, Kochen & Genießen und Phaidon by ZS.

ZS - Ein Verlag der Edel Verlagsgruppe
www.zsverlag.de
www.facebook.com/zsverlag
www.instagram.com/zsverlag

FÜR DIE UMWELT

ZS unterstützt bei der Produktion dieses Buches das Projekt „Junge Riesen für die nächsten 100 Jahre“ im Naturpark Nossentiner/Schwinzer Heide. Damit wird ein Anteil der unvermeidbaren CO_2-Emissionen im direkten Umfeld des Produktionsstandortes kompensiert.

PARTNER
Naturpark
Nossentiner / Schwinzer Heide
www.optimal-media.com/naturschutzprojekt-001

NEWSLETTER

Was koche ich heute Feines? Und wie geht das – schmackhaft und gesund?

Melden Sie sich jetzt zum ZS-Genuss-Service an und verpassen Sie keine kulinarischen und gesundheitlichen Trends mehr.
Wir informieren Sie regelmäßig über unsere Neuerscheinungen, Aktionen oder Gewinnspiele und verraten Ihnen unsere Lieblingsrezepte!

GEWINNEN

Unter allen Neuabonnierenden verlosen wir jeden Monat eine *ZS-Genuss-Box* im Wert von 75,00 €.

Jetzt anmelden unter:
www.zsverlag.de/newsletter
oder den QR Code scannen:

ANMELDEN!

DR. KATHRIN VERGIN
Wie du die Hintergründe deines Essverhaltens verstehst und zu innerer Balance findest
Emotional Eating